Höcker
Verlag

Ich widme dieses kleine Buch unseren Tieren, in der Hoffnung, dass es ihnen hilft.

Und meiner Familie als Dank für viele Jahre Verständnis für diese anstrengende Arbeit.

Danke auch bei dieser Gelegenheit an alle meine „Weggefährten", vor allem an Dr. Reinold Hartmann, Sonja Kopf, Reiner Rosenfeld und Alexander Vincentz.

Mein Dank und Respekt gilt zugleich allen, die in diesen Jahren meine Kamera zugelassen haben. Unabhängig davon, ob wir derselben Meinung waren, haben sie die Bilder und Verbesserungen für unsere Tiere ermöglicht.

Manfred Karremann

Sie haben uns behandelt wie Tiere

Wie wir jeden Tag mühelos Tiere schützen können

Höcker Verlag

Verlagsangaben

Höcker-Verlag, Lutterothstr. 54, 20255 Hamburg

1. Auflage November 2006

ISBN 3-9804617-4-2, ISBN 978-3-9804617-4-0

www.animalnetwork.de

Druck und Satz: Verlag Das Brennglas, Hernsterstr. 26
97892 Kreuzwertheim

Inhaltsverzeichnis

Sie haben uns behandelt wie Tiere

Es war das Schicksal der Hühner in Käfigen und der Blick eines sterbenden Schweins im Schlachthof, die mich vor vielen Jahren dazu bewegt haben, den Beruf des „Reporters in Sachen Tierschutz" zu ergreifen. Mit zwölf Jahren habe ich zum ersten Mal ein Bild von Hühnern in einem kleinen Käfig gesehen. Die Empörung darüber hat mich nie wieder losgelassen. „Wie können Menschen so etwas tun?", habe ich mich damals gefragt, und: „Warum lässt „man" so etwas überhaupt zu?"

„Man" lässt noch viel mehr zu, musste ich mit der Zeit lernen. Bei einem Besuch im städtischen Schlachthof stand ich lange neben der Bucht, in der Schweine mit einer Elektrozange betäubt werden. Ein Tier hatte so panische Angst, dass es dem Schlachter immer wieder entkam. Weil der aber im Akkord bezahlt wurde, hatte er nur 30 Sekunden Zeit, um ein Schwein zu betäuben. Deshalb prügelte er wie verrückt auf das Tier ein, sprang mit den Beinen auf den Rücken des Tieres, bis es schließlich am Boden lag. Als das Schwein wenig später am Schlachtband hing, hat es mir noch lange in die Augen geschaut. Es war, wie so viele an diesem Tag, nicht ordentlich betäubt worden. Von solchen Schicksalen, dachte ich mir in diesem Augenblick vor vielen Jahren, müssen die Menschen erfahren.

Auch wenn ich heute Hühner in ihren engen Käfigen sehe, Rinder und Pferde auf Transporten oder Hunde und Katzen, die ihres Fells wegen erschlagen werden, fühle ich Trauer und Wut darüber, dass so etwas überhaupt sein darf, ja, noch immer „normal" ist. Angesichts der Vielzahl und „Normalität" solcher Szenen kommt ein stetes Nachdenken in Gang.

Darüber, dass das Verhältnis des Menschen zum Tier so grundsätzlich nicht in Ordnung sein kann.

Menschen sagen oft: „Sie haben uns behandelt wie Tiere", wenn sie zutiefst gedemütigt und misshandelt worden sind. Erschreckend für mich ist, welche Aussage hinter einer solchen Redewendung steckt: Denn wie behandeln wir eigentlich Tiere, wenn Menschen, die tiefes Leid, Schmerzen und Erniedrigung erfahren haben, diesen Vergleich so selbstverständlich ziehen? Und woher nehmen wir als Menschen das Recht, Tiere so zu behandeln, wie das heute immer noch geschieht?

Welche Bedeutung kommt in unserer Zeit dem Recht des Stärkeren zu? „Vernünftige Gründe" braucht man laut Tierschutzgesetz, um ein Tier zu misshandeln oder zu töten. Vernünftige Gründe finden sich denn auch immer wieder erstaunlich leicht. Es handelt sich schließlich „nur" um Tiere. Die haben Instinkte, heißt es, keinen Intellekt, Gefühle sind in diesem Zusammenhang nicht von Interesse.

Der Mensch behält sich die Werteinteilung des Lebens vor, des menschlichen Lebens und auch des Tierlebens. Mensch ist danach nicht gleich Mensch, und Tier ist auch nicht gleich Tier. Während man einem Haustier noch Intelligenz, Individualität und Wert zubilligt, ist das bei den sogenannten „Nutz"-Tieren kein Thema. Ihr Wert wird allenfalls in Tonnen Schlachtgewicht bemessen.

Damit ist zugleich auch der Lebenszweck ausgedrückt, den der Mensch diesen Tieren zuweist. Die Bezeichnung bringt es an den Tag: Pelz-Tier, Schlacht-Schwein, Versuchs-Maus. Deshalb schreibe ich seit vielen Jahren immer: eine so genannte „Versuchs-Maus", oder ein so genanntes „Schlacht-Tier" – denn ein Tier ist eben kein Zweckobjekt, sondern ein Mitgeschöpf mit einem ihm eigenen Recht auf Leben.

Die Lebensqualität dieser Tiere wird auch entsprechend dem Zweck gestaltet, den das Tierleben für den Menschen erfüllen soll. Ein Grill-Hahn muss billig sein, also lebt er kurz und in Enge.

Ein Schlacht-Schwein soll schnell zunehmen, also lebt es fast bewegungslos, im Dämmerlicht. Wenn eine Maus ohne Fell für Tierversuche praktischer ist, züchtet man eben Mutationen ohne Haare und nennt diese manipulierten Tiere „Nacktmäuse".

Besonders bei jenen Tieren, die dem Menschen nicht als Haustiere oder wegen äußerlicher Merkmale wie Kulleraugen oder einem weichen Fell nahe stehen, greift der Mensch ungehemmt in die fundamentalsten Rechte ein, bzw. spricht jenen Tieren von vornherein alle Rechte ab. Ob ein so genanntes „Schlacht"-Tier etwa Bedürfnisse hat, ist nicht von Belang. So ist zum Beispiel ein gebrochenes Bein bei einem so genannten „Schlacht"-Pferd oder auch bei einem Rind kein Hindernis für einen Weitertransport. „Das wird doch sowieso geschlachtet", ist die gängige Begründung, Leiden solcher Tiere billigend in Kauf zu nehmen.

Oft stellen Fernsehzuschauer in ihren Briefen nach Filmen die Frage: „Was sind das für Menschen, die so etwas tun?" Ich versuche auch dieser Frage nachzugehen, indem ich einigen „Tierquälern" Gelegenheit zur Stellungnahme gebe. Wer allerdings die Frage stellt, was das für Menschen sind, die hinter Tierquälereien stehen, kann sich dabei nicht auf den beschränken, der ein Tier schlägt. Die zusätzliche Frage muss auch lauten:

Was ist das für eine Gesellschaft, die solche Handlungen zulässt, duldet - ja sogar durch Unwissenheit oder gedankenlosen Konsum in Auftrag gibt?

In diesem Buch stelle ich Ihnen Beispiele vom Umgang des Menschen mit dem Tier vor, und schreibe neben Fakten auch Gedanken aus der langjährigen Praxis eines „Tierschutz-Reporters" nieder. Ausnahmsweise nicht journalistisch ausgewogen - sondern einfach meine Gedanken als Mensch. Denn zu dieser Tätigkeit gehört die Auseinandersetzung mit Tierleid in all seinen Erscheinungsformen. Nicht nur in Deutschland, denn auch so manches, was Tieren in einer Provinz in China geschieht, wird letztlich durch unser Kaufverhalten verursacht. Oft unterstützen wir Tierquälerei, ohne das überhaupt zu wissen – geschweige denn zu wollen. Denn wo Tiere „verarbeitet" werden, sind neugierige Blicke in der Regel unerwünscht. Auch das ist bezeichnend. Vermutlich würden Sie die Jacke einer bestimmten Firma nicht kaufen, wenn Sie wüssten, dass für den Pelzbesatz am Kragen ein Hund lebendig abgezogen wurde.

Der entscheidende Punkt ist: Sie müssen davon wissen. Ich werde versuchen, Sie möglichst umfassend zu informieren. Denn wenn Sie informiert sind, ist Tierschutz einfach: Wenn Sie die betreffende Jacke nicht kaufen – stirbt für die nächste kein Hund. Ein Verzicht ist nicht notwendig: Sie kaufen einfach eine andere Jacke.

Dieses Buch hat, wie meine Filme auch, nicht zum Ziel, Ihnen ein schlechtes Gewissen einzureden. Ich möchte Ihnen nur Informationen geben und damit die Möglichkeit, sich in alltäglichen Situationen für unsere Tiere und ihre Gesundheit zu entscheiden. Jeder missionarische Eifer liegt mir fern.

Ich habe selbst alles erst erfahren müssen - durch die Nähe zu den Tieren, die für die meisten Menschen irgendwo, irgendwie leben und sterben. Vieles habe ich gelernt aus den Diskussionen mit jenen, die Tierquälerei unmittelbar vollziehen. Mit diesen Menschen zu sprechen heißt nicht, ihr Verhalten und ihre Gründe zu billigen. Will man aber etwas ändern, muss man ihre Beweggründe kennen.

Neben den intensiven Recherchen vor Ort, zu manchem Thema wie den Tiertransporten über fünfzehn Jahre hinweg, waren es auch ständige Begegnungen mit Tierschützern aus der ganzen Welt und immer wieder mit Politikern, die meine Erfahrungen abgerundet haben. Erst alles zusammen ergibt letztlich ein Bild von der Situation der Tiere in unserer Gesellschaft heute. Und damit ist nicht nur Deutschland gemeint: Der Handel mit Tieren und tierischen Produkten ist längst international etabliert. Der Tierschutz nicht.

1997 hatte ich Gelegenheit, Kofi Annan, den Generalsekretär der UNO, nach Tierrechten zu fragen. Ich war damals für das ZDF Gast beim so genannten „Global Forum“, veranstaltet von CNN in Atlanta/USA. Journalisten aus der ganzen Welt stellten Kofi Annan Fragen. Fast alle zielten auf das - zweifellos wichtige - Thema „Menschenrechte" ab. Sehr überraschend dagegen schien meine Frage nach Tierrechten zu sein.

Für einen Moment machte sich Stille breit. Kofi Annan überlegte kurz, und antwortete dann das, was manche von uns vermutlich auch sagen müssten: „Mit Tierrechten haben wir uns noch nicht befasst, aber wir sollten darüber einmal nachdenken".

Weltweit werden Tiere geplagt. Milliarden Tiere. Ein Meer von Tierleid tut sich auf.

Das ist ein Grund, der manche Menschen davon abhält, sich überhaupt mit Tierschutz zu beschäftigen. Sie resignieren mit der Frage: Was kann ich da als Einzelne(r) denn schon tun?

Zum Beispiel: Die andere Jacke kaufen.

Jeder von uns kann Tiere schützen. Mühelos und ohne Verzicht. Ich möchte Ihnen nicht aufschwatzen, Ihr Leben umzukrempeln, sondern freue mich, wenn Sie das ungewollte Verursachen von Tierquälerei in Ihrem Alltag vermeiden. Soweit das die Ernährung betrifft, tun Sie damit nicht nur unseren Tieren, sondern auch Ihrer Gesundheit etwas Gutes. Denn: Was Tieren schadet, gefährdet oft auch den Menschen.

„Die Leute sollen das Zeug fressen, und nicht fragen, wo´s herkommt...", hat der Leiter einer Hühnerschlachterei einmal zu mir gesagt. Doch nur, wer sich auch für die Tiere hinter den Produkten interessiert, erfährt genug, um sich und seine Familie vor gesundheitlichem Schaden zu bewahren. So wird mancher Lederhandschuh zur regelrechten Giftmülldeponie, wenn er nass wird – doch wer weiß das schon? Und vor allem: Wer hätte ihn gekauft? Informiert zu sein ist die Grundlage, um eine Entscheidung zugunsten der Tiere und der eigenen Gesundheit zu treffen.

Das geht mühelos. Kleinigkeiten entscheiden. Tierschutz ist ein Gedanke, behaupte ich im Buch. Es ist der Gedanke beim Einkauf, der irgendwann zur Gewohnheit wird. Heute greifen viele Menschen zu Öko-Eiern, anstatt zur Billigware aus der Käfighaltung. Inzwischen wissen viele: Diese Eier sind gesünder, die Hühner „glücklicher". Gerade deshalb ist Tierschutz so mühelos einfach.

Für unsere Tiere entscheidend sind meistens die ganz kleinen, unwichtig anmutenden Entscheidungen des täglichen Lebens, die viele noch nicht einmal als solche wahrnehmen.

Statistisch gesehen sitzt für jeden von uns EIN Huhn im Käfig. Sie allein entscheiden also, wie IHR Huhn leben soll. Und die sechs Hähnchen, die - statistisch gesehen - jede(r) im Jahr isst.

Ich würde mich freuen, wenn Ihnen das Buch beweist: Tierschutz ist einfach. Jeder von uns kann mühelos Tiere schützen, jeden Tag.

Dadurch, dass Sie bereit sind, von der Lebenssituation unserer Tiere *Kenntnis zu nehmen,* werden Sie bei passender Gelegenheit - etwa bei einem Einkauf - auch *daran denken.* Und überrascht feststellen, *dass es auch Sie selbst glücklicher macht, bewusst kein Tierleid zu verursachen.*

Jede(r) Einzelne zählt, wenn es um Tierschutz und Tierrechte geht, weil „Tierschutz" eben nicht nur Aktivität und Engagement bedeutet, sondern letztlich ein Gedanke ist. Nicht nur, indem man etwas *tut,* kann man Tieren helfen, sondern wesentlich öfter, indem man etwas *bleiben lässt.*

Ich danke Ihnen, dass Sie nicht wegschauen, sondern sich für unsere Tiere interessieren. Und ich freue mich, dass Sie dadurch zugleich Ihrer Gesundheit etwas Gutes tun.

Manfred Karremann

Manfred Karremann auf einem Tierfrachter in Beirut

Von Menschen und Tieren: Gedanken zur Ethik

Was wäre, wenn Tiere nur anders wären?

Jemand hat einmal gefragt: Was wäre, wenn Außerirdische auf der Erde landen? Wie würden die Menschen reagieren? Darauf hat ein anderer geantwortet: Falls die Außerirdischen anders aussähen als wir, würden die Menschen sicher probieren, ob man sie essen kann. (Verfasser unbekannt).

Selbstverständlich geht der Urheber dieses Zitats davon aus, dass die Menschen stärker wären als die Außerirdischen. Denn nur so kennen wir es: Der Mensch ist überlegen. Wir sind die stärkste Lebensform. Und mit dem Recht des Stärkeren nehmen wir uns das, was uns - unserer Meinung nach - zusteht. Nicht nur untereinander: Wir nehmen auch Tieren das, was Leben ausmacht - indem wir bestimmen, wie diese Tiere ihr Dasein verbringen müssen. Ob ein Bär im Zirkus den Clown zu unserer Belustigung spielen muss, oder ein Huhn zu unserem finanziellen Nutzen sein Leben in Enge und Dunkelheit zubringt - maßgeblich für das Leben des Tieres ist der Vorteil, den der Mensch daraus zieht. Und wenn es für einen oder mehrere von uns von Vorteil zu sein scheint, nehmen wir dem Tier das Leben ganz weg, indem wir es töten oder töten lassen.

Der Stärkere frisst eben den Schwächeren...

Ein Naturgesetz: Der Stärkere frisst eben den Schwächeren. Das ist schon bei den Löwen in Afrika so, heißt es. Bei Diskussionen um Vegetarismus oder Fleischessen tun Menschen etwas, was sie in jedem anderen Zusammenhang als absurd von sich weisen: Hier vergleicht sich der Mensch schon mal gern mit dem Tier, um seinen Anspruch auf das Fleischessen zu rechtfertigen.

Aber selbstverständlich sind wir deshalb noch keine Tiere. Und alles - auch das Töten - geht scheinbar viel zivilisierter vor sich.

Davon abgesehen denkt der Mensch. Also wird er einen wichtigen Grund haben, wenn er einem Tier Leid zufügt oder es tötet. Wie das alles geschieht, verträgt sich allerdings in keinster Weise mit dem ethisch begründeten Humanitätsanspruch, den wir beim Menschen voraussetzen. Und nicht nur *wie* wir das tun, sondern auch *dass* wir überhaupt anderen Lebewesen bewusst und willentlich dauernd Leid zufügen und ihnen ihr Leben nach Gutdünken wegnehmen.

Menschen erheben den Anspruch, denkend, klüger, zivilisierter und - überhaupt zu SEIN. Tiere, so heißt es, sind sich erst gar nicht bewusst, dass sie *sind*. Also scheint es letztlich auch „wurst" zu sein, ob, wie und wie lange sie leben.

Affe für Tierversuche in einer Flugtransportkiste

Kein Bewusstsein - keine Rechte?

Was aber wäre, nur einmal angenommen, wenn Tiere doch ein Bewusstsein hätten? Würde es den Menschen abwerten, wenn wir Tiere aufwerten? Menschenaffen (! Menschen-Affen) etwa billigt man mittlerweile ein gewisses Bewusstsein zu. In einem Bericht im „National Geographic Channel" über Papageien und Affen im Dezember 1998 hieß es: „Wir müssen uns wohl damit abfinden, dass wir nicht die einzigen denkenden Wesen auf dieser Erde sind".

Im Februar 1998 erschien die Illustrierte STERN mit dem Titel: „Bruder Affe, unsere nächsten Verwandten. Wie sie fühlen, wie sie denken, wie sie sprechen". Von „uneingeschränktem Respekt vor unseren haarigen Vettern" ist darin die Rede und davon, dass wir wieder gutmachen sollten, was Schimpansen angetan wurde. Der Affenforscher Roger Fouts (USA) hat sogar bewiesen, dass Affen dem Menschen nicht nur äußerlich ähnlich sind, sondern eine Verständigung zwischen Mensch und Schimpanse über Zeichensprache möglich ist. Dass es gewisse Ähnlichkeiten gibt, wurde wohl schon vermutet, als der Ausdruck Menschen-Affe aufgrund äußerlicher Merkmale und Verhaltensweisen geprägt wurde. Orang-Utan zum Beispiel ist malaiisch und heißt übersetzt nicht Affe, sondern: Wald-Mensch.

Orang-Utan: Der Wald-Mensch

1998 löste das neuseeländische Parlament eine Diskussion über die Stellung der Menschenaffen aus: Es wurde darüber beraten, den 28 Schimpansen und sechs Orang-Utans, die in Neuseeland leben, Rechte einzuräumen: So das Recht auf Leben, das Recht nicht leiden zu müssen und das Recht, nicht für Experimente benutzt zu werden. „Gleichgestellt - Neuseelands Menschenaffen ... sind den Menschen nähergerückt", vermeldet der STERN im August 1998 zur Freude aller Tierfreunde. Das, so meinten alle, könnte eine Basis für weitere Diskussionen über Tierrechte sein. Doch Neuseeland hat die seltene Chance vertan: Ein Abgeordnetenausschuss lehnte den Gesetzesentwurf ab. Der faule Kompromiss: Experimente an Menschenaffen sollen zukünftig nur noch dann genehmigt werden, wenn die Forschungsergebnisse auch für Primaten einen medizinischen Nutzen versprechen. (STERN 8/1998 und Focus 12/1998)

Respekt vor dem Schwein?

Immerhin - bei Menschenaffen wird über Tierrechte diskutiert - weiß man doch inzwischen, dass es nicht nur äußerliche Ähnlichkeiten gibt, sondern sogar das Erbgut von Menschenaffen zu 98,4% mit dem des Menschen identisch ist. Die Anatomie eines Schweins dagegen unterscheidet sich schon äußerlich erheblich von der des Menschen. Biologisch allerdings, so weiß man, ist auch das Schwein dem Menschen sehr ähnlich - was zu nicht unerheblichen Leiden dieser Tierart in Versuchen führt. Während die Forderung nach Respekt vor einem Menschen-Affen für uns in unserer Zeit nachvollziehbar ist, stoßen wir bei der Wendung **„Respekt vor einem Schwein"** allenfalls auf Ironie und Kopfschütteln. Kein Thema, keine Diskussion.

Trotzdem ist das Schwein in unserem Kulturkreis in aller Munde. Als Schnitzel oder Schimpfwort.

„Alle Lebewesen, auch die Tiere,
sind aus dem Atem Gottes entstanden…"
Papst Johannes Paul II

„Auch die Tiere sind Geschöpfe Gottes …"
Papst Benedikt XVI, 2006

Wer die Macht hat, nimmt sich oft auch das Recht

Was wäre, wenn Tiere an sich Mitgeschöpfe wären, die einfach auch auf dieser Erde leben, eben nicht nur zum Nutzen des Menschen? Auch ganz unabhängig von allen religiösen Erwägungen?

Denn immerhin: Es gab und gibt es noch immer, dass auch Menschen „wie Tiere behandelt" werden: dass sie rechtlos sind wegen ihrer Zugehörigkeit zu einer anderen Kultur oder allein schon aufgrund ihrer Hautfarbe oder ihres anderen Aussehens verfolgt werden. Die Geschichte der Menschen ist schließlich immer auch eine Geschichte der Irrtümer.

So fielen zum Beispiel die australischen Ureinwohner, die Aborigines, zu Anfang der Besiedelung des Kontinents durch Weiße unter die Pflanzen- und Tiergesetze. Die Weißen nämlich konnten die ihnen fremde Kultur der Aborigines und ihr so ganz anderes Aussehen erst einmal nicht einordnen - und so kam es, dass für diese Menschen erst einmal der „Flora- and Fauna Act" galt.

Wir wissen alle, dass vor Präsident Abraham Lincoln in den Südstaaten der USA Afro-Amerikaner rechtlos waren. Durch Kauf konnte man diese Menschen damals sogar als *Eigentum* erwerben. Völlig legal und gesellschaftlich akzeptiert. Zumindest in den Kreisen, die einen Nutzen daraus gezogen haben. Natürlich gibt es auch heute noch Menschenhandel, man denke nur an Kinderarbeit oder Frauenhandel. Doch: So etwas passiert im Geheimen, gilt als verwerflich. Sklaven zu kaufen ist heute in keiner Kultur mehr gesellschaftsfähig. Es geht mir auch gar nicht darum, Menschen und Tiere zu vergleichen, sondern um die Tatsache, dass die Einstellung der Menschen zum Umgang miteinander, aber auch im Hinblick auf den Umgang mit der Natur und anderen Lebewesen, einem langsamen, aber stetigen Wandel unterworfen ist. In Deutschland und vielen anderen Staaten sind die Grundrechte des Menschen heute längst in der Verfassung verankert. Tierschutz wurde bisher nur in Deutschland (2002) ins Grundgesetz aufgenommen.

Tiere hätten kein Bewusstsein, sagen manche, und damit, so die fatale Ableitung, auch keine Rechte.

„Wenn Säue oder Kühe zuschauen, wie ihre Artgenossen geschlachtet werden - die kapieren nicht, was da passiert. Die Panik ist keine Todesangst, das kommt nur vom Lärm und dem Geruch nach Blut...“

Schlachthofbetreiber, auf meine Anregung hin, doch wenigstens einen Sichtschutz zwischen Wartetreibgängen und Schlachtraum anzubringen

Wäre es nicht erschreckend, wenn man irgendwann eingestehen müsste, dass es sich bei Tieren nur um eine andere Form von Bewusstsein und Intelligenz handelt, die wir bis jetzt einfach noch nicht verstanden haben? Die manche vielleicht auch gar nicht verstehen möchten, weil es dann schwierig sein könnte, das „Stück Vieh“ in derselben Weise zu drangsalieren und im Akkord zu töten?

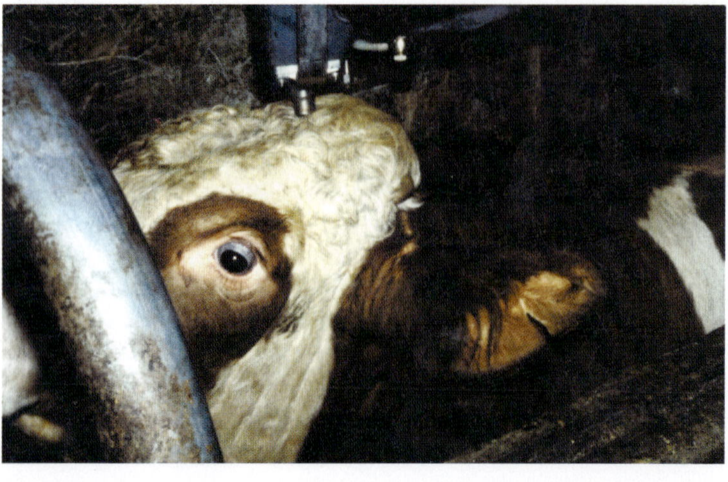

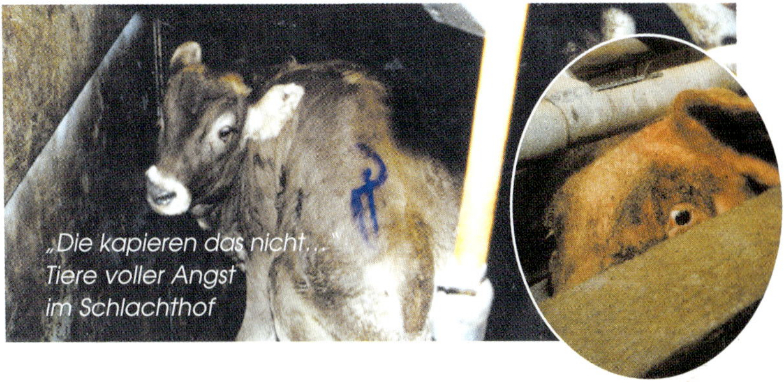

„Die kapieren das nicht..."
Tiere voller Angst
im Schlachthof

Immerhin glauben nach einer repräsentativen Umfrage im Auftrag von ZEIT-Wissen im Jahr 2006 zwei Drittel der Männer und drei Viertel der Frauen, dass Tiere ein Bewusstsein haben, ähnlich dem des Menschen.

Die mit Tieren umgehen sind sich uneins über das Bewusstsein der Tiere. Diskutiert wird vor allem über Affen. Der Primatenforscher Frans de Waal erklärt: „Wenn Bewusstsein bedeutet, dass man über seine eigenen Handlungen und Entscheidungen nachdenken kann, dann haben Tiere es bestimmt". Dagegen räumt Tierexperimentator Andreas Kreiter in „ZEIT-Wissen 4/06 den Tieren zwar „irgendeine Art von Bewusstsein ein", erklärt aber, das „sei völlig anders als beim Menschen". Gemeinsam, so Kreiter, seien ihnen und uns lediglich unspezifische Basisgefühle wie Angst, Schmerz, Sättigung und Wohlbefinden. *(Quelle: „ZEIT- Wissen", Ausgabe 4/06)*

Der Maßstab ist immer der Mensch

Den Maßstab für die Beschreibung und Beurteilung eines Tieres ist immer der Mensch. Wenn einem Tier Eigenschaften zugeordnet werden, so geht diese Beschreibung vom Menschen aus, ja, vergleicht vom menschlichen Standpunkt und Wissensstand aus.

Was beim Mensch laut Psychologie immerhin ein Trieb ist, kann beim Tier allenfalls Instinkt sein. Denn die Fähigkeit zu denken ist nach derzeitigem Stand der Dinge, seit kurzem mit einigen Zweifeln, nur der menschlichen Art vergönnt. Schließlich erfinden wir Autos, bauen Wolkenkratzer, tüfteln die raffiniertesten Computersysteme aus. Jedenfalls manche von uns.

All zu oft wird dabei vergessen, dass auch nicht jede menschliche Kultur das Bedürfnis hat, technische Neuerungen auf den Weg zu bringen. Schnell sind Bezeichnungen dafür gefunden: „Primitive" Kulturen eben, die durch viel missionarischen Eifer irgendwann auf den Status eines „Entwicklungslandes" aufrücken dürfen. Wo sollte angesichts eines solchen „Herrenmenschendenkens" zwischen den menschlichen Kulturen noch Platz für Respekt gegenüber Tieren sein?

Nicht selten entscheidet der Stand der Technik über die Position eines Landes in der Welt. Hochentwickelte Technik wird assoziiert mit Wohlstand, Macht, Ansehen und oft auch mit - Intelligenz.

Du dumme Sau?

Tieren wird die Intelligenz (was soviel bedeutet wie Denkvermögen und Auffassungsgabe) weitgehend abgesprochen. Kompromisse gibt es. Dementsprechend wird ein Affe mehr respektiert als eine Kuh. Wie die Intelligenz eines Tieres beurteilt wird, entscheidet sich nach dem Wissenstand dessen, der beurteilt. Die Wissenschaft gibt sich dabei selbstsicher. Dabei mussten schon mehrfach Verfahren, die die Intelligenz eines Lebewesens messen sollten, revidiert werden. Vor noch gar nicht langer Zeit war man noch der Ansicht, die Gehirnmasse sei maßgebend für die Intelligenz. Das hat sich als falsch erwiesen.

Weniger intelligent - weniger wert?

Ehe wir uns allerdings überhaupt auf eine Diskussion über Intelligenz einlassen und im Bezug auf Tiere darüber nachdenken, wie intelligent nun welches Tier sein mag, muss auch die Frage gestellt werden: Darf der Grad der Intelligenz überhaupt als Maßstab für die Beurteilung des Wertes - oder Unwertes - eines Lebewesens dienen? Früher hat man Schimpansen selbstverständlich in Tierversuchen eingesetzt. Heute ist das nicht mehr üblich. Sicher auch, weil dieses „Tiermaterial" teuer ist, aber auch, weil Menschenaffen mittlerweile doch eine gewisse Intelligenz zugebilligt wird. Einmal abgesehen davon, dass sie uns ähnlicher sehen als ein Schwein. Seit wenigen Jahren wird – zumindest durch die Tierschutzverbände - auch gefordert, überhaupt keine Affen mehr in Tierversuchen zu verwenden.

Tierquälerei insgesamt verhindert diese Diskussion auf jeden Fall nicht. Auch falls ein Affe mehr logisches Denkvermögen hat als eine Maus, oder Hunden und Katzen das zugestanden wird, weil sie dem Menschen einfach näher stehen: die Diskussion endet schon bei Ratten. Auch sie gelten als klug - und sind doch neben Mäusen das meistverbrauchte „Tiermaterial" in Versuchen. Es kann nicht die Intelligenz sein, die den Wert eines Lebewesens bestimmt.

Der Geist stirbt, aber die Seele lebt bis zuletzt,

sagt man über Menschen, die an der Alzheimer Krankheit leiden. Wenn wir anfangen, Leben nach dem Maßstab der Intelligenz zu beurteilen, stoßen wir schnell an unsere Grenzen.

Ein Beispiel: Wie wäre in diesem Fall mit Menschen zu verfahren, die an der Alzheimer Krankheit leiden? Im fortgeschrittenen Stadium dieser Krankheit fällt das Denkvermögen weitgehend aus, das Leben wird von Gefühlen bestimmt.

Wer würde auch nur wagen zu denken: Dieses Leben ist nicht wertvoll? Man könne mit ihm nach Belieben verfahren, das ganze Spektrum eingeschlossen, auch den Akt des Tötens? Hoffentlich niemand. Einen wehrlosen - weil nicht denkfähigen - Menschen zu misshandeln oder umzubringen, hieße rücksichtslos vom Recht des Stärkeren Gebrauch zu machen. Ich vermeide bewusst alle Vergleiche mit der jüngeren Geschichte, aber wir alle wissen, wozu Menschen letztlich fähig sind.

Die Würde des Tieres achten?

Höhere Intelligenz ist eine Form von Überlegenheit. Von *emotionaler* Intelligenz spricht man unter anderem, wenn der Überlegene vom Recht des Stärkeren keinen Gebrauch macht, sondern Überlegenheit auch mit mehr Verantwortung assoziiert: das heißt, Respekt vor Schwächeren hat. Die Sichtweise, geistige Überlegenheit sei gleichzusetzen mit mehr Lebensberechtigung, ist arrogant - und in letzter Konsequenz sogar lebensfeindlich.

„Tiere besitzen eine Seele, und wir Menschen müssen Liebe für und Solidarität mit unseren kleinsten Brüdern empfinden ... Tiere sind Gott genauso nahe wie die Menschen.“

Papst Johannes Paul II

Der Mensch als Gott der Tiere?

... Nachweis von Erfahrung ... in der Herstellung transgener Mäuse...

Stellenangebot am schwarzen Brett einer deutschen Universität im August 2006 (ZDF, 37 Grad: „Menschen für Tiere", November 2006)

Gegenüber Tieren gilt menschliche Arroganz als normal: Was immer ein Tier *will*, ist nicht von Interesse. Es hat sich dem Menschen unterzuordnen. Was zählt ist nur sein Nutzen für den Menschen, in welcher Form auch immer.

So steht in keinem Gesetz, dass die *Würde* des Tieres zu achten sei. Menschen bestimmen, nach ihrer Fasson, wie ein Tier zu leben hat und wann und wie es sterben muss. Und auch warum. Bei den meisten Tieren muss der Mensch nicht einmal begründen, weshalb er ein Leben auslöscht. Oft weiß er selbst nicht einmal, warum. Wer eine Schnecke zertreten möchte, der tut es einfach. So halt. Warum? - Darum!

Die von Albert Schweitzer geforderte „Ehrfurcht vor dem Leben" wird zur Phrase: Das Lebensrecht wird auf den Menschen beschränkt, in manchem Fall noch auf den Haushund erweitert. Der Respekt, der dem oft verkündeten ethischen Anspruch, dem Humanitätsanspruch des Menschen, gerecht wird, bleibt unbemerkt auf der Strecke.

„Diese Tiere haben alle eine Zweckbestimmung, sie sind dafür geboren, dass wir diese Versuche an Ihnen machen..."

Originalinterview mit einer angehenden Tierärztin im Katzenlabor einer deutschen Universitätsklinik (ZDF 2002)

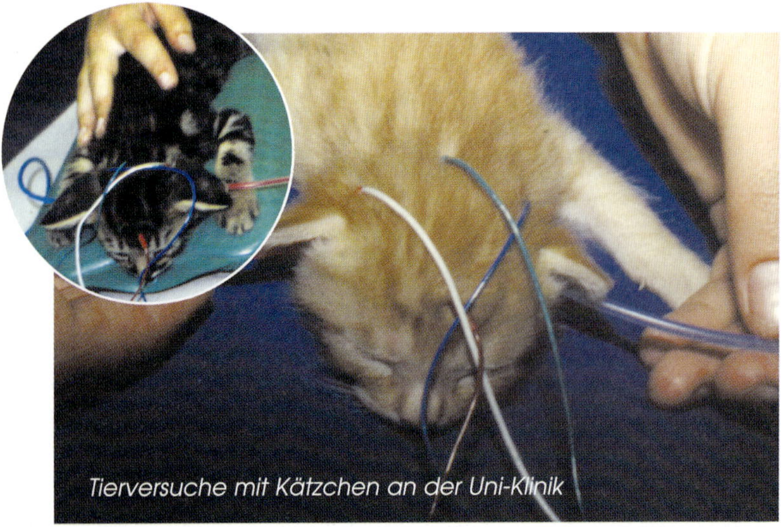

Tierversuche mit Kätzchen an der Uni-Klinik

Ein ihnen eigenes Lebensrecht

Letztlich ist wohl nicht entscheidend, wie intelligent dieses oder jenes Tier ist. Oder inwieweit es sich seiner selbst bewusst ist. Oder ob es Schmerzen und einen bevorstehenden Tod scheinbar leichter erträgt, weil es nicht das Bewusstsein eines Menschen hat, wie mir manche Wissenschaftler und Schlachthoftierärzte begreiflich machen wollten.

Es bleibt am Ende die Frage, ob Tiere nicht ganz einfach ein ihnen eigenes Lebensrecht haben. Als Mitgeschöpf, ohne zwangsläufig Mittel zum Zweck für den Menschen zu sein.

Der Zweck eines Tierlebens

Jedes Tier scheint eine Zweckbestimmung zu haben, nach der gelebt und gestorben wird: Ein Grill-Hahn muss billig sein – für den Menschen. Also lebt er kurz und eng in einer großen Halle. Nicht anders eine Pute. Oder ein Schwein. Ein „Schlacht"-Schwein". Ein „Versuchs"-Tier. Bezeichnungen, über die wir uns kaum einmal Gedanken machen, weil sie längst üblich sind, bringen es an den Tag: Tiere werden scheinbar nur geboren, um für den Menschen einen Zweck zu erfüllen: die einen zum Essen, die anderen um sich daran zu erfreuen, oder um den Kasper für unsere Kinder im Zirkus zu spielen. Mit dem Zweck verbinden Menschen immer auch das Recht, ein Tier dem Zweck zuzuführen, den sie ihm bereits lange vor der Geburt zugeschrieben haben. Fast automatisch. Weil der Zweck selbst gar nicht mehr reflektiert oder sogar in Frage gestellt wird. Es geht nicht mehr darum, *ob* getötet wird, sondern allenfalls noch um das *wie*.

„Es ist nicht notwendig, Tieren gegenüber grausam zu sein…"
Sir Paul McCartney, Interview in unserem ZDF-Film über Katzen- und Hundefelle 2005
(„Kater Benny vermisst", ZDF 2005, in Teilen: BBC 2005, CNN 2005)

Dieses Zitat klingt selbstverständlich. Doch oft ist eher das Gegenteil selbstverständlich: unnötige Grausamkeit gegenüber Tieren. In Zeiten von Krisen wie BSE, Schweinepest oder Vogelgrippe im Besonderen. Wenn Massentötungen anstehen, die allenthalben als notwendig betrachtet werden, scheint es keine Rolle mehr zu spielen, *wie* die Tiere behandelt werden,

Es gab kaum Proteste als Nachrichtenbilder zeigten, wie auf den Philippinen während der Schweinepest lebende Tiere in metertiefe Erdgruben geschmissen und einfach zugebaggert wurden - obwohl das unnötig grausam war. Auch während die Vogelgrippe ein Thema war, gab es kaum Entsetzen darüber, dass Hühner und Gänse in China und Thailand einfach lebend in Plastiksäcke gesteckt und entsorgt wurden. Wie selbstverständlich wurden solche Bilder in den Nachrichten gesendet.

So ist er eben, der Asiate?

Oft höre ich Vorurteile, wie: „Asiaten seien eben grausam" (nicht selten von Leuten, die noch gar nie in Asien waren). Meine Erfahrungen sind aber andere: Ich bin weit gereist in Sachen Tierschutz. Überall auf der Welt habe ich Tierfreunde getroffen, aber auch Tierschinder - ob in Deutschland, den USA, in China oder dem Libanon. Mag die Mentalität auch unterschiedlich sein: Auf einen Filmbeitrag in CNN hin schreiben immer Menschen aus der ganzen Welt, weil Tierquälerei ihre Empfindungen verletzt.

Tierliebe, ebenso wie Grausamkeit gegenüber Lebewesen aller Art, wohnt wohl dem einzelnen Menschen inne. Was wie zutage tritt, hängt eher vom Zeitgeist und den gerade geltenden Normen in einer Gesellschaft ab, als von der Nationalität oder Religion. Diese Erkenntnis ist nicht neu. Mir ist es aber wichtig, diese Erfahrung noch einmal auszudrücken. Denn Vorurteile dienen oft dazu, die Verantwortung abzuschieben, wie man weiß. Als ich im Alter von 12 Jahren einen Tierschutzverein gegründet habe, war das zweite Mitglied (nach meinem Onkel) eine Türkin, die „das mit den Hühnern in den Käfigen" einfach schrecklich fand.

Auch wenn sich manche Beispiele in diesem Buch auf Deutschland beziehen, spreche ich natürlich nicht nur von Deutschen, wenn ich vom Umgang des Menschen mit dem Tier spreche.

Das hat man schon immer so gemacht

Beim Umgang mit Tieren kommt eines hinzu: die Gewohnheit. Als ich in China einen Hundeschlächter gefragt habe, wieso um alles in der Welt er denn den armen Hund lebendig abziehe, hat er geantwortet: Das hat man schon immer so gemacht. Mein Vater hat das auch schon so gemacht. Dieselbe Antwort wie im äußersten Norden Chinas habe ich von einem Schweinezüchter in Wangen im Allgäu bekommen, auf die Frage, wieso er seine Muttertiere auf den Betonboden bindet. Alte Gewohnheiten sind schwer zu ändern, wenn es um Tiere geht: Viele denken gar nicht darüber nach, ob es notwendig ist, grausam zu sein. Sie sind es einfach, weil sie es gar nicht anders kennen und auch nicht so empfinden.

In allen Kulturen und Religionen findet man letztlich ähnliche Gründe für Tierquälerei: Gewohnheit, Gedankenlosigkeit, Geld und gesellschaftliche Billigung. Tausend ähnliche Gründe - oder einfach: Eine Missachtung des Tieres als Mitgeschöpf.

Vielleicht wurde aber durch die Bilder während der Vogelgrippe nur sichtbar, was gesellschaftlich legitimierte Massentötungen, die niemand mehr hinterfragt, eigentlich für Formen annehmen können. Wenn beschlossen ist, *dass* eine Masse von Lebewesen getötet werden soll, scheint das *wie* manchmal zweitrangig zu sein. Spätestens da, wo nur noch das Töten einer Masse zählt oder der Akkord, bleibt jede Menschlichkeit gegenüber Tieren auf der Strecke. Immer mehr. Denn nicht genug damit, dass Tiere wie Massenware zur Ernährung des Menschen „produziert" und im Akkord hingeschlachtet werden. Wenn es rentabler ist, werden Tiere auch zu Millionen einfach *vernichtet.* Längst ist es gängige Praxis, jeden Tag Millionen von Küken zu vergasen. So normal wie „Versuchs"-Tiere auf Vorrat zu züchten und sie zu Hunderttausenden zu vernichten, wenn sie keiner bestellt.

Kein Tier verlässt das Labor lebend: Vergasen einer „überzähligen" Maus

Der Begriff „Tiervernichtung" entspringt übrigens nicht der Fantasie eifriger Tierschützer. Bei Eintagsküken ist der Begriff durchaus gängig, so wie der Begriff „Abfallferkel" in der Schweinezucht auch. Besonders deutlich zeigte sich die Vernichtung von Tieren mit Methode bei der so genannten „Kälberverarbeitungsprämie". Um den Rindfleischmarkt zu entlasten, stellte die EU ab 1996 hunderte Millionen Euro bereit für jene, die neugeborene Kälber „vernichten", d. h. allenfalls zu Tiermehl verarbeiten (max. 20 Tage alt, bis zu 150,- Euro pro Kalb).

Das EU-Programm wurde allenthalben bald „Herodesprogramm" genannt. König Herodes hatte alle kleinen Knaben in seinem Reich töten lassen, in der Hoffnung, damit auch das Jesuskind zu töten. Schon der Begriff „Herodesprämie" hat uns veranlasst, den deutschen Kardinal Lehmann um eine Stellungnahme für den Film „Kopfgeld für Kälber" (ZDF-Reportage, STERN, 1997) zu bitten.

„Wenn in einer solchen Weise Leben vernichtet wird … wer weiß, wo das anfängt, und wo das aufhört…"

Kardinal Lehmann, 1997, im Film „Kopfgeld für Kälber" zur Vernichtung der „Herodeskälber".

Kopfgeld für Kälber: Die „Herodesprämie"

1997: Mit einem Overall bekleidet schleiche ich mich am frühen Mittwochmorgen in den südfranzösischen Schlachthof. In den Gattern stehen Hunderte erst wenige Tage alte Kälbchen, die mir gerade mal bis zur Hüfte reichen. Bei vielen Tieren sieht man noch die Nabelschnur: Sie sind vor wenigen Tagen erst geboren worden. Hier werden sie sterben, denn dieser Betrieb ist als „Herodesschlachthof" zugelassen. Weil Deutschland es aus ethischen Gründen abgelehnt hat, solche Schlachthöfe zuzulassen, karren findige deut-

sche Viehhändler die Kälber bis nach Frankreich – auch in diesen Betrieb. In vielen Fällen mit gefälschten Papieren, wie sich bald herausstellen sollte. Ich stelle mich neben das Schlachtabteil, so, als gehörte ich zum Betrieb. In der Hoffnung, dass mich keiner auf Französisch anspricht, filme ich heimlich, was hier mit französischen, aber auch deutschen und österreichischen Kälbern passiert: Der Schlachter zieht ein Kälbchen nach dem anderen zu sich her. Manches Tier kann gerade erst stehen. Er nimmt eine schwere Eisenkette und schlägt jedem der Tiere mehrmals auf den Kopf, bis es umfällt. Anschließend hängt er die Kälber an einen Haken, ein Fließband transportiert sie zu einem LKW der Tiermehlfabrik. Längst nicht alle Kälber sind tot, wenn sie auf die Ladefläche zwischen die Schlachtabfälle geschmissen werden: Manches Kälbchen zappelt noch lange, bis es schließlich erstickt. Doch niemanden interessiert das hier, denn diese Kälber sollen nicht der Ernährung dienen, sondern einfach nur vernichtet werden - gegen eine Prämie von 100 bis 150 Euro pro Tier. Das Pech der Viehhändler war nur, dass meine Kamera alles dokumentiert hat – sogar die falschen Exportdokumente: Weil der Export von Kälbern in Herodesschlachthöfe eigentlich nicht erlaubt war, wurden die Kälber kurzerhand als „Tiere zur Mast" nach Frankreich und Spanien gekarrt.

Kälbchen beim Aufladen auf einen „Herodestransport"

Autos gegen Rinder

Wir haben bei der EU in Brüssel nachgefragt, wieso denn ausgerechnet so kleine Kälber vernichtet werden sollen. Die Antwort war eindeutig: „Es ist billiger, ein Tier am Anfang aus dem System zu nehmen, als später", so die nüchterne Antwort. Eine Frage der Rendite also. Und nicht nur das: Zur selben Zeit, wie die Kälber aus Westeuropa gegen die Zahlung von immensen Subventionen vernichtet wurden, hat man aus dem Osten gleich viele Rinder – wie üblich in Tonnen gerechnet - eingeführt. Logisch wäre gewesen, keine Tiere zu importieren und eben auch keine Kälber als „Überschuss" zu vernichten. Doch - so einfach ist das nicht. Es gibt da Verträge und auch Welthandelsabkommen, so hatte man uns in Brüssel erklärt: „Wir nehmen zum Beispiel Rinder ab und sie dafür andere Güter. Kühlschränke, oder Autos. Man könnte es vereinfacht an einem Beispiel sagen: Rinderimport gegen Autoexport."

Über 1,8 Millionen Käber fielen allein der Herodesprämie zwischen April 1996 und Juni 1998 zum Opfer. Über 4,5 Millionen Kälber ließen EU-weit aufgrund verschiedener Tötungsprämien ihr Leben.

Kuh und ihr Kalb

Du sollst nicht töten...

interpretieren wir fast automatisch als: Du sollst keinem Menschen das Leben nehmen. Ansonsten töten wir viel, haben dabei noch nicht einmal das Gefühl, Schaden anzurichten. Wir beseitigen Tierleben beiläufig. Mit Rattengift, Ameisenvernichter und Schneckenkorn wird ausgelöscht, was nicht erwünscht ist, mit dem Auto plattgefahren, was sich uns an Tierischem in den Weg stellt.

Fliegen kleben am Fliegenklebestreifen, gehen elend zugrunde - wir sitzen gemütlich bei Tisch. *Wir wollen unsere Ruhe.*

Schnecken zertreten wir einfach auf unserem Weg, die meisten bemerken es noch nicht einmal. Allenfalls bei der Gartenarbeit nehmen wir sie zu Kenntnis. *Es gibt schließlich mehr als genug davon...*

Kröten werden von unseren Autos überrollt. *Wenn wir es überhaupt wahrnehmen: Bedauerlich. Aber normal, und wir haben´s heute eilig. Man kann doch hier nicht wegen jedem Frosch...*

Und weil wir unser täglich Fleisch gewohnt sind, lassen wir auch noch andere für uns töten. Irgendwo. Irgendwie.

Würden wir darüber nachdenken, kämen wir zu der ernüchternden Feststellung: Eigentlich machen wir ständig vom Recht des Stärkeren Gebrauch. Egoistisch, mitleidlos und ohne Gnade. „Wir töten unablässig was genauso lebt und leben möchte, wie wir selbst das möchten", nannte das meine Frau Marina. Die Nähe zu einem Zitat Albert Schweitzers ist auffällig – doch sie hat es nicht gekannt. Vielleicht sind es einfach zwangsläufige Gedanken, die uns allen, genau so wie Albert Schweitzer kommen, wenn wir Tiere mehr wahrnehmen und darüber nach-denken.

Denn oft töten wir nur aus Gedankenlosigkeit, weil das einfach „normal" ist - und wir eben nicht weiter darüber nachdenken.

Die Schönheit eines Tieres

Auf der anderen Seite beobachten wir Enten auf dem See, freuen uns an der Schönheit dieser Tiere, sehen fasziniert zu, wie der Entenmann treu an der Seite der Entenfrau schwimmt. Füttern die Tiere noch mit Brot. Das hindert uns nicht daran, eine Stunde später im China-Restaurant Ente süß-sauer zu essen.

Enten im Schlachthaus am Fleißband

Entenpaar auf einem See: Leben um des Lebens willen

Wir gehen, ohne es je richtig zu reflektieren, sehr weit in unserer menschlichen Arroganz gegenüber Tieren. Dabei müssten wir uns vielmehr, trotz aller Diskussionen über intelligent oder nicht, eingestehen, dass wir die Ebene des tierischen Lebens und auch die Fähigkeiten von Tieren noch nicht einmal in vollem Umfang verstehen. Ein Beispiel: Wie findet eine Katze, die zwanzig Kilometer im Kofferraum eines Autos an einen anderen Ort transportiert wurde, nach Hause zurück? Oder: Auf welcher Ebene verständigen sich Tiere überhaupt? Die Antwort auf die zweite Frage kennen wir natürlich alle: Wenn der Hund mit dem Schwanz wedelt, freut er sich...

Gibt es eine Kommunikation mit Tieren?

Sicherlich drückt auch ein Tier Freude, Trauer oder Angst über Körpersignale aus. Mimik und Gestik sind bei Tieren - wie auch bei Menschen - Teil der Kommunikation mit ihrer Umwelt. Doch wie wir wissen, gibt es auch im menschlichen Bereich eine darüber hinausgehende, so genannte nonverbale Kommunikation. Menschen, die sich über lange Zeit sehr nahe stehen, können nicht nur die nonverbalen Signale des anderen deuten, sondern wissen häufig auch, was der andere *fühlt*, ohne dass darüber gesprochen wird.

Wenn man häufig Tiere in Extremsituationen erlebt, drängt sich der Gedanke auf, dass Tiere differenzierte und gänzlich andere Verständigungsebenen kennen, als wir sie verstehen oder auch nur interpretieren können. Meiner Meinung nach kann eine gewisse Kommunikation zwischen Mensch und Tier auch in der Weise stattfinden, dass wir ernsthaft versuchen, die Gefühle eines Tieres nicht nur zu interpretieren, sondern zu erspüren, zu fühlen. Und dabei nicht von unseren eigenen Bedürfnissen ausgehen, sondern von denen des Tieres, die oft grundverschieden von den unseren sind.

Das erfordert einen gewissen Respekt vor dem Tier, denn erst einmal muss es einem wichtig genug sein, wissen zu wollen, was in einem Tier vorgeht.

Verstehen setzt Achtung voraus

Das setzt voraus, das wir einem Tier ein Bewusstsein zugestehen, und auch **Individualität**. Tier ist nicht gleich Tier. Mag ein Hund sensibel sein, ist es ein anderer vielleicht nicht. Mag eine Katze klug sein, ist eine andere weniger klug.

Ein älterer Schimpanse erkennt sein eigenes Bild im Spiegel als solches, ein junger noch nicht. Mag ein Affe auch ein menschenähnlicheres Gehirn haben als ein Pferd oder eine Katze, so ist es doch eine rein biologische Sichtweise und verallgemeinernd zu sagen: Affen sind klug, Pferde und Katzen sind dumm. Wer das tut, leugnet, dass Tiere innerhalb einer Tierart Individuen sind.

Das allerdings steht auch kaum zur Debatte. Schon gar nicht bei so genannten „Nutz-„ und „Schlacht"-tieren. Fast vierzig Millionen Schweine werden jedes Jahr allein in Deutschland gegessen, über zweihundert Millionen in der EU.

Das deutsche Tierschutzgesetz ist - wie alle Gesetze - auf das Individuum ausgerichtet. Es heißt dort:

„Niemand darf ***einem*** Tier (ohne vernünftigen Grund) Schmerzen, Leiden oder Schäden zufügen..."

Tierschutz beginnt bei einem Tier

Tierquälerei beginnt also - auch laut Gesetz- nicht erst bei zehn, tausend oder vierzig Millionen Tieren - sondern beim Individuum, das misshandelt wird. Auch wenn die heute übliche „Massenproduktion" und Tötung von Tieren das fast schon abstrakt erscheinen lässt.

Individualität: Linas Geschichte

In einer so genannten „Abferkelbucht" wurde Lina geboren, am 5. August 2000, als eines von vielen Ferkeln in dieser Schweinezucht.

Wir waren an diesem Tag und an den folgenden zu Dreharbeiten für eine ARD-Sendung im Stall, haben Muttersauen in bewegungsloser Anbindehaltung gefilmt, Schweinegeburten, das unbetäubte Kastrieren männlicher Ferkel und auch den weiteren Weg von Ferkeln in die Mastställe und Schlachthöfe begleitet.

Für Linas Mutter war es eine schwere Geburt: Der Schweinezüchter musste helfen, sonst wären einige der neun Ferkel schon bei der Geburt gestorben.

Tini (siehe Titelbild) ist zu klein geboren worden - obwohl wir alles versucht haben, sie am Leben zu halten, ist sie nach nur einem Tag gestorben.

Auch Lina war ein kleines Ferkelchen im Verhältnis zu ihren Geschwistern. Gut so groß wie eine Handfläche, aber eben nur halb so groß wie die anderen, darunter übrigens ein besonders hübsches Ferkel, mit braunen Flecken in verschiedenen Schattierungen.

Nach der Geburt muss sich jedes Ferkel eine Zitze am Bauch der Mutter erobern, die dann auch seine bleibt. Obwohl Lina kleiner war als die anderen Ferkel, hat sie sich eine Zitze erobert.

Normalerweise bauen Schweine ein Nest für ihre Ferkel. Linas Mutter kann sich im „Kastenstand" noch nicht einmal umdrehen.

Als Marina am nächsten Tag in die Bucht sah, war Linas Fuß im Spaltenboden eingeklemmt, offenbar schon längere Zeit. Das passiert nicht selten auf Spaltenböden, besonders dann, wenn ein Ferkel kleiner ist und dadurch leicht mit dem Fuß zwischen die Abstände der Holzbohlen gerät. Wenn das niemand bemerkt, etwa in großen Zuchtanlagen, verhungern diese Tiere in der Regel. Na-

türlich haben wir Linas Fuß aus dem Spaltenboden gezogen und sie wieder an ihre Zitze gesetzt. Sie hat offenbar viel Hunger gehabt - hörte gar nicht mehr auf zu trinken. Wieder schien alles in Ordnung zu sein.

Doch schon am Abend bemerkten wir, dass Lina stark hinkte und sich nur unter großen Schmerzen bewegen konnte. Ihr rechtes Hinterbein war dick und rot angeschwollen. Offenbar eine Infektion, durch die Verletzung am Spaltboden. Das Todesurteil, denn der Tierarzt würde den Züchter mehr kosten, als er am Schwein schließlich verdient, wenn er es in einen Maststall verkauft.

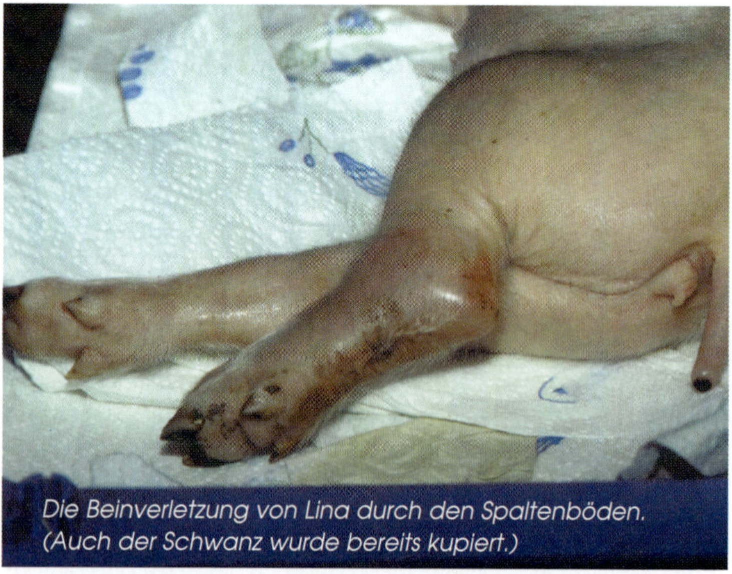

Die Beinverletzung von Lina durch den Spaltenböden.
(Auch der Schwanz wurde bereits kupiert.)

Der Züchter war so nett, uns das verletzte Ferkel zu schenken. Wir sind sofort in eine Tierklinik gefahren, um es untersuchen und behandeln zu lassen. „Eine Blutvergiftung“, diagnostizierte der Tierarzt, „und auch schon ein Schaden am Knochen“, nachdem er das Bein untersucht und geröntgt hatte. „Das Tier würde ohne Be-

handlung unter großen Schmerzen verenden, aber wenn Sie es retten möchten - vielleicht haben wir eine Chance." Mit diesem Tierarzt, so wussten wir, hatte Lina das große Los gezogen. Andere hatten uns schon am Telefon abgewiesen, uns erklärt, ein „Notfall" bei einem Ferkel sei doch absurd.

Unser Tierarzt hat die Wunde am Bein gesäubert, Lina eine Blutprobe entnommen für die weitere Behandlung und ihr Spritzen gegeben, die die Entzündung eindämmen sollten. Weil wir dachten, es wäre für Lina trotz allem das beste, bei ihrer Mutter zu sein, haben wir sie anschließend wieder in die Bucht zurückgesetzt (wohlwissend allerdings, dass wir sie wieder abholen würden, ehe sie nach drei Monaten an einen Mäster verkauft werden würde).

Lina ist in der Bucht sofort zum Kopf ihrer Mutter gehumpelt, die sich im so genannten „Kastenstand" nicht umdrehen konnte. Aufgeregt quiekte sie der Muttersau ins Ohr, die drehte den Kopf zu ihr hin und antwortete mit grunzenden Lauten. Ja, auch wenn mancher schmunzeln mag - es schien gerade so, als ob sie ihrer Mutter „erzählen" wollte, was sie so alles erlebt hatte.

Nur wenige Stunden später lag Lina in einer Ecke der Bucht. Fast regungslos. Sie atmete schwer, die Infektion hatte sich auch auf das rechte Vorderbein ausgebreitet

Unser Entschluss war klar: Eine Genesung in der Bucht, bei Mutter und Geschwistern, war nicht mehr zu erwarten. Wir haben das Ferkelchen sofort wieder aus der Bucht geholt und nochmals zum Tierarzt gebracht. „Die Chancen stehen ganz schlecht", meinte der bedauernd, „sogar bei intensiver Pflege ist kaum zu erwarten, dass das Tier die nächsten 24 Stunden überlebt".

Eine solche sich im Körper ausbreitende Gelenkentzündung tritt bei Ferkeln, die auf Spaltböden gehalten werden, nicht selten als Folge einer Verletzung auf. Der Tierarzt hat noch einmal alles versucht, wir haben uns sogar telefonisch Rat geholt im Tierspital Zürich. Frau Dr. Bürgi, eine Spezialistin für Schweine und Ferkel, konnte uns wertvolle Ratschläge geben. Vielleicht würde es uns gelingen, das Ruder mit guter Pflege doch noch herum zu reißen.

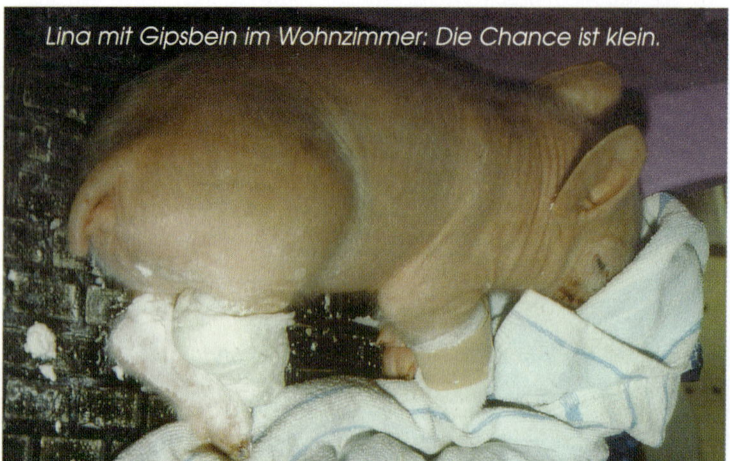

Lina mit Gipsbein im Wohnzimmer: Die Chance ist klein.

Wir nannten das Ferkelchen Lina, haben es mit nach Hause genommen. Vorsichtig legten wir das kleine Bündel Leben in eine Kiste mit Handtüchern darin. Doch - so elend sich Lina fühlte - erst einmal rutschte sie in der Kiste herum und ordnete ihr „neues Heim". Mit dem Rüssel wurden Bereiche abgegrenzt: einer zum Liegen, einer zum Fressen und einer, um das Gefressene wieder loszuwerden.

Alle zwei Stunden, Tag und Nacht, haben wir Lina mit Ferkelmilch gefüttert. Erst mit einem Babyfläschchen, dann in einer Schüssel. Doch trotz aller Medikamente und Salben wurde ihr Zustand immer schlechter. Wir hatten Angst davor, wieder ein Ferkelchen sterben zu sehen. Bei zweien hatten wir im Lauf dieser Dreharbeiten schon vergeblich versucht, ihr Leben zu retten.

Doch Lina schaffte es schließlich, humpelte bald sogar im Garten herum, und quietschte vergnügt, als sie zum ersten Mal mit ihrem Rüssel im Gras zu graben begann. Das gehört eigentlich zu den Grundbedürfnissen eines Schweins - und doch war Lina die einzige aus den Zucht- und Mastställen, die wir gefilmt haben, die überhaupt einmal Erde, Gras, Tageslicht, frische Luft und Sonne spüren durfte.

Obwohl Lina kaum halb so groß war wie unsere Katze, scheute sie sich nicht, deren Kiste für ihre „Geschäfte" zu benutzen. Für die „kleinen" und die „großen" Geschäfte - sichtlich zum Ärgernis des Katers. Für uns bestätigte sich, was wir schon von Landwirten gehört hatten: Schweine sitzen und liegen nur dann in ihren eigenen Exkrementen, wenn sie - wie in vielen Ställen der Fall - dazu gezwungen sind.

Als sich nach einigen Wochen Linas Zustand weiter gebessert hatte, wurden Ihre Eigenheiten und Vorlieben deutlich. Wir auf dem Sofa - und sie nicht? Kam nicht in Frage, sie suchte Nestwärme. Ihr bevorzugter Liegeplatz war auf Marinas Schulter, nahe am Hals.

Vieles erinnerte an einen Welpen. Bei Regenwetter spielte Lina leidenschaftlich gern im Haus - mit Schuhen. Wie überraschend intelligent das kleine Tier war, zeigte sich schnell: Es dauerte keine Woche, bis Lina sich die Schuhe im Schrank selbst aussuchte. Sie konnte den Schrank öffnen und traf ihre Wahl. Der betreffende Schuh des Tages wurde dann am Schnürsenkel ständig kreuz und quer durchs Haus gezogen. Immer solange, bis Lina müde wurde. Dann brachte sie den Hausgangläufer mit dem Rüssel in Position, legte sich dort neben ihren Schuh (des Tages), grunzte kurz vor sich hin - und schlief ein.

Nach dem Spielen: Lina schläft zufrieden

Für uns war es faszinierend und erschreckend zugleich, wenn wir Lina im Garten beobachteten. Nicht nur, weil sie sehr anhänglich war, sondern auch wegen der Verhaltensweisen, die ihr Freude machten. Außer Fressen war es so ziemlich alles das, was einem Schwein heute versagt bleibt: Graben, buddeln, wühlen, Gras fressen, in der Sonne liegen, spielen...

Als Lina einige Wochen alt war, haben wir ein zweites Ferkel gekauft, damit sie unter Artgenossen aufwachsen kann. Berti haben wir das männliche Tier genannt. Es war bereits kastriert, so, wie alle männlichen Ferkel in den Zuchten. Dazu müssen die Tiere in den ersten beiden Lebenswochen laut Gesetz noch nicht einmal betäubt werden. Und auch der Tierarzt wird eingespart: Die Züchter schneiden den Ferkeln selbst, mehr oder minder geschickt, die Hoden aus dem Leib. Unbetäubt. „50 Cent würde es kosten, die Tiere vorher zu betäuben", so Prof. Dr. Jörg Hartung vom Institut für Tierhygiene und Tierschutz der Tierärztlichen Hochschule in Hannover.

Bei Berti hat sich die Wunde infiziert - wieder waren wir beim Tierarzt.

Lina ist heute sechs Jahre alt und lebt mit Berti und anderen Schweinen zusammen auf dem Gnadenhof „Lebenswürde für Tiere" von Christiane Rohn bei Wangen im Allgäu. Sie haben einen schönen Stall mit Stroh, Gesellschaft, abwechslungsreiches Futter und viel Auslauf. Eigentlich ein glückliches Leben für die Schweine - abgesehen davon, dass Lina zu einer Rasse gehört, die auf schnellen Fleischansatz gezüchtet wurde. Sie ist sehr stressempfindlich, und lange rennen kann sie auch nicht. Denn für die angezüchtete Muskelmasse ist das Herz zu klein.

Eigentlich eine Qualzucht, nicht anders, als bei den so genannten „Turbokühen". Nur so und durch Futterzusätze gelingt es, ein Schwein auf billigste Weise innerhalb von wenigen Monaten hoch zu mästen. Billiges Fleisch durch Qual für die Tiere - von Geburt an.

Aber: Lina geht es gut. Im Gegensatz zu ihren Geschwistern - die sind nach drei Monaten im Zuchtstall und drei Monaten Mast im dreckigsten Dunkelstall, den ich je gesehen habe, im Schlachthof gestorben. Auch das hübsche gefleckte Schwein, das mir schon als Ferkel so gefallen hat.

Das Schicksal der Mutter von Lina ist nicht erfreulicher: Nach wenigen Wochen wurden die Ferkel in eigene Buchten verlegt. Endlich ein Ende des bewegungslosen Liegens im so genannten „Kastenstand". Linas Mutter wurde wieder, wie zuvor schon einige Male, in die Abteilung „Decken" und „Trächtigkeit" verlegt. Dort lag sie

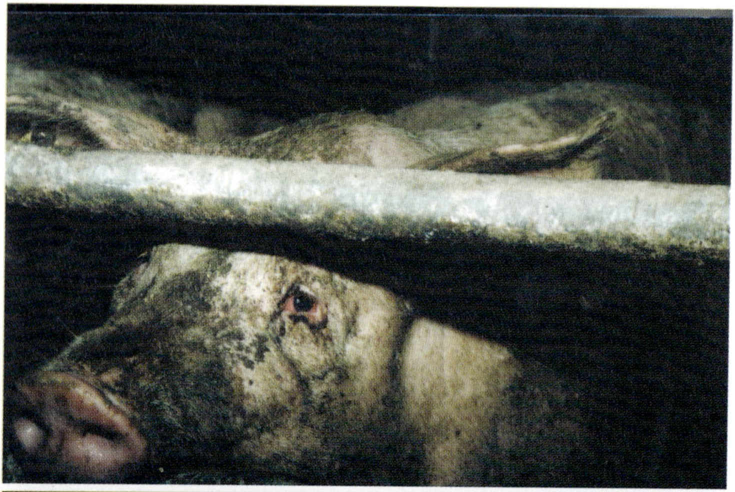

Anlieferung am Schlachthof, für den auch Lina vorgesehen war

wieder bewegungslos an einer kurzen Kette um den Hals und mit einem Gurt um den Bauch bis zur nächsten Geburt. Knapp zwei Jahre hatte sich das nun so wiederholt, dann war Linas Mutter - wie alle Muttersauen, die als Gebärmaschinen missbraucht werden - total ausgemergelt. Bisher bewegungslos gehalten, schaffte sie es kaum, auf ihren überlangen Klauen bis zum Tiertranspor-

ter vor dem Stall zu laufen, der sie zusammen mit anderen „ausrangierten" Muttersauen abgeholt hat.

Sechshundert Kilometer wurde sie transportiert, vom Allgäu bis nach Norddeutschland, der Transport dauerte bis am nächsten Tag. Ziel der Reise war ein gigantischer Schlachthof, in dem jeden Tag etwa 10 000 Schweine geschlachtet werden. Über Treibgänge erreichen die Tiere dort eine Kammer, die mit Gas gefüllt ist. Durch ein dunkles Loch am Eingang zu dieser Kammer geraten die Schweine auf eine Art Paternoster. Der Paternoster fährt die Schweine zum Boden der Kammer, wo das Gas hohe Konzentrationen erreicht, weil es schwerer ist als Luft.

Der Kampf gegen das Gefühl zu ersticken ist heftig. Die Schweine quieken, winden sich in der Box. Wenn sie auf der anderen Seite der Kammer wieder herauskommen, schnappen manche noch nach Luft, nicht alle sind richtig betäubt, wenn sie an einer Kette um den Hinterfuß ans Fliessband gehängt und abgestochen werden. Sie sterben - wie alle „Schlacht"-Tiere - schließlich durch den Blutverlust.

Ein moderner Betrieb. Sogar ein Schild „Schweine sind hochsensibel" hängt darin, um die Viehhändler und Mitarbeiter trotz der Unmengen von Tieren daran zu erinnern, dass es sich hier um Lebewesen handelt. Von Individualität allerdings keine Spur. Bis auf Linas Mutter: Sie hat den Weg zur Gasbetäubungsbox nicht mehr geschafft. Immer wieder ist sie zusammengebrochen, als man sie aus dem Tiertransporter treiben wollte. Schließlich, auf der Schlachthoframpe, kam sie nicht mehr hoch, wurde durch einen Schuss in den Kopf betäubt und notgeschlachtet.

Für uns ist das Schwein Lina ein Individuum, so, wie es Ihr Hund für Sie vermutlich auch ist.

Der Gedanke, dass jemand mit Genuss die geschundenen Körper der Mutter und Geschwister von Lina gegessen hat, ohne auch nur zu ahnen, was diese Tiere durchgemacht haben, fiel uns schwer.

Denn für alle, die ein Tier als Individuum betrachten, eilt Tierschutz. Für das Schwein, das nächsten Montag zum Schlachthof transportiert wird und dort sterben muss, kommt jede Tierschutzvorschrift nächsten Dienstag bereits zu spät.

Jeder Mensch hat seine eigene Persönlichkeit und seine eigene Geschichte. **Bei genauerem Hinsehen stellen wir fest: Auch jedes Tier hat andere Charakterzüge, eine eigene Persönlichkeit und sein alleiniges Schicksal.** Spätestens im Schlachthof ist jedes Tier mit seinen Gefühlen und seiner Angst allein. Es wäre wohl kaum ein Trost, könnte man dem Tier sagen: „Keine Sorge, das ist alles ganz normal, Milliarden Tiere machen das jedes Jahr durch". Ich glaube, im Schlachthof ist das ähnlich wie bei Schlachten (! Schlachten) im Krieg: Man spricht bei Soldaten nicht mehr von Individuen, und doch betrachten sich die Beteiligten als solche.

Vielleicht hat das auch der berühmte Schriftsteller Leo Tolstoi gedacht, als er schrieb: „Solange es Schlachthäuser gibt, wird es auch Schlachtfelder geben".

Individualität

> *„Frauen und Tiere haben keine Seele...“:*
>
> *Thomas von Aquin (13. Jahrhundert)*

Diese Aussage von Thomas von Aquin würde heute wohl kaum auf Zustimmung stoßen. Im Gegenteil: Man wäre empört! Allerdings nur über den ersten Teil - den mit den Frauen.

Denn wie selbstverständlich betrachten wir ein Menschenleben als *wichtig*, ein Tierleben als ***ersetzbar***. Menschen kommen in den Himmel, in die Hölle oder sonst wohin, Tiere kommen einfach in den Magen.

Es darf nicht sein, dass beim Menschen mit dem Tod alles zu Ende ist. Da muss noch etwas sein. Himmel, Hölle oder Wiedergeburt. Diese Urangst vor dem Lebensende bedingt, dass wir sagen: Wir sind viel zu wichtig, um einfach so zu sterben.

Kühe im Himmel?

Im Zusammenhang mit Tieren erscheint dieser Gedanke komplexer: Wer Tiere als andere, nicht minderwertigere Lebewesen betrachtet und ihnen generell eine Individualität zubilligt, muss sich im weiteren Verlauf dieses Denkens auch mit den Unterschieden zwischen menschlichem und tierischem Leben auseinandersetzen. Vor allem mit den Unterschieden und Gemeinsamkeiten im Hinblick auf den Tod. Es kann nicht sein, so möchte man glauben, dass eines von 40 Millionen jedes Jahr allein in Deutschland gegessenen Schweinen so wichtig ist, dass es - analog zur menschlichen Religion - in den Himmel kommen könnte.

Das würde Schweine unerhört aufwerten und weckt im Menschen die Angst, er könnte dadurch abgewertet werden. Wo kämen wir da hin, wenn sich gemeinsam mit uns Kühe im Himmel tummeln? Das Weltbild wäre – bei manchen Menschen jedenfalls - erschüttert.

Kompromissversuche: Manche Tiere sind ersetzbar, andere nicht

Viele Menschen haben sich auf einen Kompromiss geeinigt: „Schlacht"-Tiere und „Versuchs"-Tiere zum Beispiel gelten als *Leben, das beliebig ersetzbar ist.* Man erfasst dieses Leben nur in Statistiken. Manchmal in Stück, meistens in Tonnen Schlachtgewicht.

Heute gilt dieser Kompromiss mehr denn je. Es mutet inzwischen seltsam an, dass es früher durchaus möglich war, seinen Hund auch im städtischen Schlachthof töten zu lassen, anstatt beim Tierarzt. Längst sind Schlachthöfe nur noch für „Schlacht"-Tiere bestimmt.

Wichtigkeit und Individualität dagegen billigt man jenen Tieren zu, für die es inzwischen, vor allem in den USA, sogar eigene Friedhöfe gibt: unseren Hausgenossen. Zwar hatte auch das Schnitzel in seiner Urform Gefühle, aber das Tier haben wir nicht gekannt, und wollen es auch gar nicht unbedingt gekannt haben. Denn ein Tier, mit dem man lebt und dessen Charakter man kennt, isst man ungern. Da sind dann Gefühle, auf beiden Seiten.

Selbstverständlich billigt das Herrchen seinem Hund Gefühle wie Trauer, Ärger, Freude, Angst, Liebe, Wohlbefinden und Unbehagen zu. Auch Eigenschaften wie - eine gewisse - Intelligenz, die Sehnsucht nach Geborgenheit, eine angeborene Mutterliebe und nicht zuletzt einen ausgeprägten Lebenswillen. Und Treue natürlich, denn immerhin gibt es Hunde, die am Grab ihres Herrchens vor Kummer warten, bis sie selbst sterben. Unser Hund ist für uns ein Individuum, mit einem ganz eigenen Charakter. Keiner ist wie der andere. Wenn er stirbt, ist er nicht zu ersetzen. So, wie wir auch nicht einfach einen anderen alten Mann aus dem Altersheim holen können, wenn unser Opa stirbt. Ein Individuum eben.

Auch Ihr Schnitzel hatte Gefühle...

Wenn es in unser Bild passt, darf ein Tier solche Eigenschaften haben. Bei einem so genannten Schlacht-Tier dagegen kommt es uns nicht sehr gelegen, dass auch ein Schwein intelligent ist, Angst hat und gerne weiterleben würde (und im Übrigen schneller stubenrein wäre als ein Hund). Auch hinter den „Tonnen Schlachtgewicht" stehen individuelle Schicksale. Jedes Tier begegnet dem Tod in verschiedener Weise und letztlich allein. Diese Gedanken sind unangenehm, ein Schnitzel dagegen wunderbar abstrakt. Nur allzu menschlich, dass man es gern vermeidet, an die Vorgeschichte des Schnitzels zu denken.

Gefühle: Mutterliebe. Stute und ihr Fohlen im Schlachthof

Verantwortung übernehmen

Denn das würde bedeuten, Verantwortung zu übernehmen. Die aber gibt man lieber ab. An die Eltern, die auch schon Schnitzel gegessen haben. Und an jene im Schlachthof, die stellvertretend für uns töten. Die werden das schon richtig machen - das kann man doch wohl erwarten in einer zivilisierten Gesellschaft. Und ob ein Ei jetzt aus Käfighaltung oder von einem freien Huhn kommt - also darüber kann man sich nun wirklich nicht auch noch Gedanken machen.

Ob jemand Fleisch isst oder Eier, muss jeder für sich selbst entscheiden. Wenn ja, haben wir aber auch die Pflicht, uns Gedanken über die zu machen, die diese Produkte „liefern". So steht es jedenfalls in der Bibel: „Macht Euch die Erde untertan", heißt es da. Doch wer denkt, die Bibel biete hier eine willkommene Rechtfertigung zur Unterjochung aller Mitlebewesen, der irrt: Das Wort „untertan" bedeutet in der Auslegung: Übernehmt die Verantwortung.

„Die Leute sollen das Zeug fressen, und nicht fragen, wo´s herkommt...“,

hat einmal der Betreiber eines Hühnerschlachtbetriebes zu mir gesagt. Eine Unverschämtheit, sagen Sie? Dabei ist es doch genau das, was die meisten von uns tun. Es sitzt nicht nur fur jede(n) - einmal rein statistisch gesehen - *ein* Huhn im Käfig, sondern werden auch *sechs* Hähnchen im Jahr gemästet und geschlachtet. Hand aufs Herz, falls Sie Fleisch essen und nicht gerade auf dem Bauernhof leben: Haben Sie schon einmal ernsthaft nachgefragt, wie *Ihre* Hähnchen leben und im Schlachthof sterben? Selbst wenn Sie sicher sind, dass wir das Recht haben, Tieren das Leben zu nehmen: Wäre da nicht trotzdem eine Verantwortung für das Leben und Töten dieses Tieres? Die meisten von uns verdrängen schon den Gedanken daran. Stattdessen schauen wir unsere „Erfüllungsgehilfen“, die so genannten „Kopfschlächter“, schräg an - vergessen dabei, dass wir die Auftraggeber sind oder sogar: die „Anstifter“. Im Strafrecht zwischen Menschen sind das die, die letztlich verantwortlich sind.

Hähnchen - Tod am Fließband: ***480 Millionen*** *werden jährlich in Deutschland geschlachtet,* ***5 Billionen*** *in der EU. Hier „Nachschneiden“, was die Maschine verpaßt hat.*

Masse contra Verantwortung

Ich glaube aber nicht, dass Hühner letztlich nur im Käfig sitzen oder Puten auf engstem Raum im Dämmerlicht gemästet werden, weil Verbraucher nur auf den Cent schauen. Sie wissen vieles gar nicht, oft fehlt auch das Interesse. Wenn Menschen darüber nachdenken würden, hätte das bei vielen zur Folge, dass sie Verantwortung übernehmen würden. Die Folge wäre mehr bewusster Konsum - was mehr Rechte für Tiere und mehr Gesundheit für die Menschen zur Folge hätte.

Dass da, wer weiß wo, eine Masse von Tieren in einer „Massen-Tierhaltung" sitzt, macht das Verdrängen und Abgeben der Verantwortung leicht. Der Gedanke an das einzelne Huhn scheint abstrakt. Die Wurst kommt von vielen Schweinen, Hähnchen und Puten, jede Woche, für viele Menschen. Und die Eier legen auch viele verschiedene Hühner, heute für uns, morgen für jemand anderen. Was will man da machen? - Viel.

Würde das Huhn, das - statistisch betrachtet - unsere täglichen Eier liefert, bei uns zu Hause in einem Käfig sitzen, würden es die meisten Leute vermutlich aus dem Käfig lassen. In der Realität aber bekommt der, der die Haltung eines Huhnes im Käfig durch den Kauf der Eier in Auftrag gibt, das Tier gar nie zu sehen. Der kleine Landwirt, von dem oft die Rede ist, der das Tier kennt und schätzt, ist auf dem Rückzug. Ein Huhn verschwindet heutzutage in einer Masse von Hühnern, in der Massentierhaltung eben. Die wiederum gilt als zeitgemäß, unvermeidlich. Es ist übrigens nicht so, dass eine große Haltung für das einzelne Tier an sich und immer schlechter sein muss. Zwar verschwindet es für den Konsumenten noch mehr in einer Masse von Tieren, doch der Begriff Massentierhaltung ist eigentlich negativ besetzt, weil es sich dabei meistens um eine so genannte „Intensivtierhaltung" handelt.

Dabei wird das Lebewesen zum Produktionsmittel degradiert, muss so funktionieren, wie die mechanische Eiersortiermaschine auch: billig im Unterhalt und effektiv. Es ist jederzeit ersetzbar, sein Leben und sein Tod sind allenfalls betriebswirtschaftliche Kostenfaktoren. Der Zugang ist dem Außenstehenden in der Regel verboten, der Eintritt wird verwehrt. Niemand soll wissen, was dort geschieht. Kein Problem, denn kaum einer der Millionen Verbraucher will in eine Legebatterie oder in einen Schlachthof.

Das habe ich nicht gewusst...

Man gibt sich zufrieden mit den Tieren, die man draußen sieht: im Vorbeifahren, die Rinder auf der Weide oder die 17 Hühner beim Bauern drüben. Allzu gern vergisst man, dass es sich dabei um die wenigen Tiere handelt, die noch tiergerecht leben dürfen. Die Mehrzahl aber begegnet einem nur auf dem Teller.

Kaum einer setzt sich dabei auch nur in Gedanken damit auseinander, was er durch sein Unwissen und Verhalten vielleicht anrichtet. Denn was wäre, wenn die Konsumenten nicht mehr sagen könnten: „Das habe ich nicht gewusst", oder: „Das habe ich mir nicht so schlimm vorgestellt"?

Glücklich ist, wer vergisst, was scheinbar nicht zu ändern ist?

Wenn man mit einer Kamera längere Zeit ein einzelnes Tier aus einer Masse fokussiert, tritt ein Individuum zutage. Bei genauerem Hinsehen, sich Einlassen, werden Gefühle sichtbar und fühlbar: Stress, Leid und oft unendliche Traurigkeit. Nicht immer ist diese Traurigkeit bis hin zur Verzweiflung nur eine Interpretation des Betrachters. Oft genug haben Personen, die eine Hühnerhaltung betreiben, im Tierversuchslabor arbeiten oder Tiere transportieren, angesichts eines Filmes, der einen Ausschnitt aus ihrer täglichen Realität wiedergibt, gesagt: Mit diesen Augen, aus diesem Blickwinkel, habe ich das noch nie betrachtet.

So, wie der Konsument weiß, dass irgendwo eine abstrakte Masse an Hühnern sitzt, so sieht eben auch der Betreiber einer Legebatterie irgendwann nur noch diese Masse, nicht mehr das einzelne Tier. Der Bezug zum Tier ist verloren gegangen, eine Entfremdung von der Natur ist im Gange. Massenproduktion hinter verschlossenen Türen - irgendwo, irgendwie - macht ein Verdrängen der eigenen Verantwortung leicht, beunruhigt unser Gewissen nicht. Was ich nicht weiß, macht mich nicht heiß...

Nur dann, wenn wieder einmal Bilder vom Umgang mit Tieren an die Öffentlichkeit gelangen, kommt es zum Aufschrei, man sucht nach einem Schuldigen und findet zu viele. Einzelne, die sich aktiv der Tierquälerei schuldig gemacht haben und eine ganze Gesellschaft, die so etwas durch Gleichgültigkeit zulässt. Die Menschen werden sich für kurze Zeit bewusst, dass unser täglicher Umgang mit Tieren so nicht in Ordnung sein kann.

Der Alltag der Menschen saugt die Empörung allerdings rasch auf. Glücklich ist, wer vergisst, was doch nicht zu ändern ist, heißt es in der Oper.

„Die Größe und den moralischen Fortschritt einer Nation kann man daran messen, wie sie Tiere behandelt.“ - Mahatma Gandhi

Gandhi spricht vom *moralischen* Fortschritt. Wenn wir von Fortschritt reden, sprechen wir in aller Regel nicht über Moral, sondern über Technik. Die Überlegung ist nicht, ob es ethisch eigentlich vertretbar ist, Hühner in Käfige zu sperren, so dass sie noch nicht einmal gleichzeitig schlafen können, sondern wie die Produktivität gesteigert werden kann.

Bestenfalls ist noch davon die Rede, dass Hühner eben heute nicht mehr auf dem Mist picken, man die Uhr schließlich nicht zurückdrehen könne. Es ist halt, wie es ist. Verbraucher wollen billig kaufen, also muss immer noch billiger produziert werden. Niemand wundert sich, wenn alles teurer wird, aber der Preis für Eier beispielsweise zwanzig Jahre lang gleich bleibt oder sie gar billiger werden. Überproduktion, harter Konkurrenzkampf und ein gnadenloser Preisdruck der großen Handelsketten auf die Landwirtschaft garantiert das, was über 90 Prozent der Verbraucher noch immer kaufen: billige tierische Produkte.

Rationalisierung heißt das Zauberwort. Weg vom bäuerlichen Familienbetrieb hin zur Tierfabrik. Fortschrittliche Produktion, auch von Lebewesen. Statt von Landwirtschaft spricht man schon mal gern von Agrarindustrie. Ein Trend, der nicht umkehrbar scheint. Selbst wenn dabei Bauern ihre Existenz, ganze Landstriche ihre Kultur und Tiere jede Würde verlieren.

Vielleicht aber ist ein Denken im Vor- oder Zurück-Schema auch zu einfach. Fortschritt, ein Denken in die Zukunft, kann auch einen Fortschritt in ethischer Hinsicht bedeuten. Wir lassen uns festlegen auf Denkschienen. Fortschritt ist Konzentration, größer, schneller ist gut. Allzu leicht vergessen wir, dass das nicht auf alle Lebensbereiche zutreffen kann.

Wenn auch Lebewesen Teil einer Kalkulation und eines Plans werden, versagen nicht selten volkswirtschaftliche Maximen: Menschen und Tiere bleiben auf der Strecke. Ob es Kleinbauern und ihre Familien sind, denen im Rahmen eines EU-Planes die Existenzgrundlage entzogen wird oder Tiere, deren Lebensqualität zugunsten der Wirtschaftlichkeit geopfert wird.

Hühnerkäfige: Kein Licht, keine Luft, kein Platz. Nur Qual.

Große Massentierhaltungen erinnern heutzutage mehr an Fabriken, denn an landwirtschaftliche Betriebe. Tiere fristen ihr Dasein in Dunkelheit und Enge, die Temperatur, die Versorgung mit Futter und Wasser und sogar den Abtransport des Kots regelt der Computer. Nur die Toten muss der Mensch noch selbst beseitigen. Mitunter viel Arbeit: So erliegt zum Beispiel jedes fünfte Käfighuhn seiner Qual schon vor dem Ablauf der so genannten Legeperiode von 15 Monaten. Tausende von Schweinen überleben allein schon in Deutschland jedes Jahr die Fahrt vom Stall zum Schlachthof nicht. Und die erschreckende Tatsache ist dabei nicht nur die Todesrate, sondern eine Frage, die unbeantwortet bleibt: Was hat ein Tier wohl auf einem Transport durchgemacht, ehe es irgendwo tot ankommt? „Ausschuss" nennt man das lapidar. Auch in einer Fabrik für Plastikbecher gibt es diesen Begriff. Überall in der industriellen Produktion. Und nichts anderes sind „Nutz-Tiere" heute: Teil eines Produktionsplanes, Ware. Betriebswirtschaftliche Begriffe wie die Kosten-Nutzen-Rechnung oder Rentabilität gelten für Tiere gleichermaßen wie für Autoteile oder Plastikbecher.

Der Schrei aus dem Schlachthof: Töten im Akkord

Es ist bezeichnend, dass das Fließband nicht in der Autoindustrie, sondern bereits 1860 für eine Fleischfabrik in Cinncinatti/USA erfunden wurde. Getrieben vom Bestreben, Schweine schneller und billiger zu schlachten, hängte man die Leiber mit einer Kette um den Fuß an ein Laufband. Die Maschinerie wurde seither ständig weiterentwickelt.

10 000 Schweine werden heute an einem Tag in einem Betrieb getötet. Die Gedanken der Ingenieure konzentrieren sich vor allem darauf, wie noch schneller, noch billiger geschlachtet werden kann. Die Frage, ob es richtig oder falsch ist, überhaupt so mit Leben umzugehen, wurde nie gestellt.

„Sie konnten noch nicht einmal mit Würde sterben, sondern wurden abgeschlachtet wie Vieh...“

Wie Vieh - ohne jeden Respekt vor dem Leben und ohne jedes Mitgefühl, Opfer einer durchorganisierten Maschinerie der Gewalt. Für das „Vieh“ ist dieser Terror alltäglich, allgegenwärtig, ohne Aussicht auf Erlösung. Sie sterben am Fließband, im Akkord. Begriffe wie „Würde“ scheinen da völlig fehl am Platz zu sein. Hier wird die Kreatur vollends zur Ware, Schreie gehen im Maschinenlärm unter. Für Gefühle bleibt da keine Zeit.

Fleisch ja - aber die Tiere vorher anständig behandeln...

„Essen kann man Tiere ja, aber man braucht sie schließlich nicht vorher zu foltern, oder?“ Zitat eines Kollegen vom Fernsehen. Er spricht damit aus, was wohl viele denken: *„Fleisch essen ja, aber die Tiere vorher anständig behandeln...“*.

Nach einem Film über Schlachthöfe wird in den Tausenden von Briefen an das Fernsehen höchst selten in Frage gestellt, ***ob*** wir eigentlich das Recht haben, Tiere nach Gutdünken und Appetit zu töten, sondern die Kritik richtet sich in aller Regel gegen das ***wie.***

Um kleine Verbesserungen in den Ställen und auf Transporten wird gestritten. Jahrzehntelang.

Schlachthöfe sind aber selbst für manche Tierschutzorganisationen ein Thema, mit dem sie schwer umzugehen wissen. Denn hier ändert letztlich nur das Konsumverhalten des Einzelnen etwas - ob die Schlachtung nun etwas sanfter oder grober abläuft.

> *„Guten Tag, Frau Kuh. Na, geht´s zur Schlachtung? Hier entlang, bitte..."*
>
> *Schlachter, als er sich über Tierschützer lustig machen wollte (BR, 1989)*

Man könne voraussetzen, dass Tiere anständig behandelt werden in den Ställen, auf Transporten und im Schlachthof, meinen viele. Nicht nur wegen der Gesetze, sondern weil wir schließlich doch auch alle zivilisierte Menschen sind. Tatsächlich kann man Tieren den letzten Weg erleichtern. Durch flache LKW-Rampen, Treibgangsysteme, ruhiges Benehmen statt Schlagen und Schreien - doch der Akt des Tötens ist zumindest bei den meisten Tieren ein Akt der Gewalt, den keine Maschine ausführen kann, sondern immer ein Mensch vollziehen muss. Nur bei Hühnern und Hähnchen ist es inzwischen gelungen, auch das Töten zu automatisieren: Nachdem Menschen die Tiere an den Beinen in ein Fließband gehängt haben, fädeln Metallschienen den Kopf der Tiere so ein, dass ein rotierendes kleines Sägeblatt im Sekundentakt die Hälse aufschneidet. Nur Tiere, die die Maschine nicht erfasst hat, müssen noch mit einem Messer „nachgeschnitten" werden (s. Bild S. 49).

Töten ja - aber tierschutzgerecht?

Gewalt findet sich aber zwangsläufig an einem Ort, an dem massenhaft getötet wird. Denn Begriffe wie „Töten" und „Rücksicht" passen nicht in denselben Satz. Man kann nicht tierschutzgerecht töten, ebenso wenig, wie man „menschengerecht morden" kann.

Nicht jede Kuh läuft freiwillig vom LKW oder ohne zu zögern in die Betäubungsbox. Und schon gar nicht jedes Schwein. Und erst recht kein Pferd. Im Schlachthof allerdings gilt Gewalt gegen Tiere schon beim Treiben als notwendig, ja, in vielen Betrieben als selbstverständlich. Nicht zu viel Gewalt natürlich, nur so viel wie notwendig, so will es das Tierschutzgesetz. Mal tritt ein Schlachter einem Schwein ins Gesicht, mal schlägt ein Viehhändler einer Kuh ein Auge aus - wo gehobelt wird, da fallen Späne, erklärte mir so ein Mensch einmal. Er hatte am Abend vorher zuviel getrunken und, na ja, halt auch Kopfweh. Wenn ein Stück Vieh nicht will, wie es soll, kann so was schon mal passieren. „Die wird ja eh geschlachtet", meinte er noch.

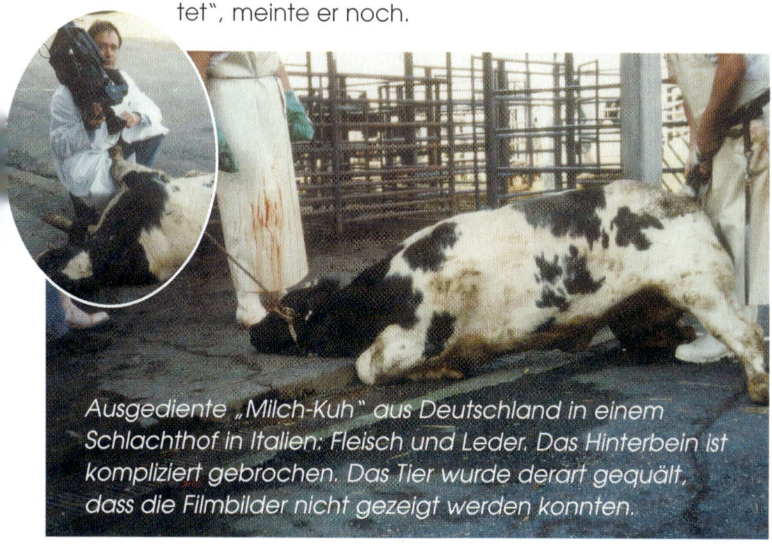

Ausgediente „Milch-Kuh" aus Deutschland in einem Schlachthof in Italien: Fleisch und Leder. Das Hinterbein ist kompliziert gebrochen. Das Tier wurde derart gequält, dass die Filmbilder nicht gezeigt werden konnten.

„Eine gewisse Gewalt ist schon notwendig, von ganz alleine laufen sie eben nicht…“

Schlachthoftierarzt auf die Frage, weshalb ein Treiber auf einem Schwein mit den Füßen herumgetrampelt hat. Es war das Schwein, das mich veranlasst hat, weitere Filme zu machen. (BR, 1989, „Der Schrei aus dem Schlachhof“)

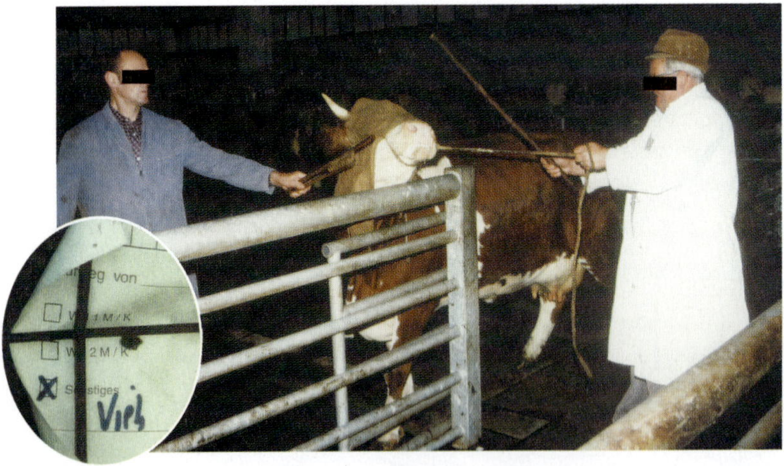

Was man will, das glaubt man gerne

Machen wir uns nichts vor: Es gibt Betriebe, die mehr auf den Tierschutz achten und solche, in denen er keine Rolle spielt. Die Wurst kann aus beiden kommen. Wie viel Gewalt nötig ist, um ein Tier zu treiben und zu töten, überlassen wir denen, die dort arbeiten. Da wird schon jemand zuständig sein für den Tierschutz, wir sind doch hier nicht bei den Hottentotten, so tönt es. Von „humanem Töten“, „schonender Schlachtung“, ja, „tierschutz(!)gerechtem Töten“ ist die Rede. Denn - wozu gibt es schließlich Gesetze?

„Gesetze werden gemacht, damit der Stärkere seinen Willen nicht in allen Dingen durchsetzt“
OVID

Stellen Sie sich vor: Sie fahren mit 80 km/h durch eine 30-Zone. Eine Kelle, auf der „Polizei“ steht taucht plötzlich vor Ihrem Wagen auf. „Sie sind 80 in einer 30 Zone gefahren“, sagt der Polizist, weist sie noch darauf hin, dass hier schließlich Kinder spielen. „Ich hab´s aber eilig zu einer Besprechung, es geht dabei um Geld“, sagen Sie, worauf der Polizist antwortet: „Das ist ein vernünftiger Grund, fahren Sie nur rasch weiter, damit sie nicht zu spät kommen...“. Vorstellbar? Nein, natürlich nicht. Denn *die Rechtfertigung des vernünftigen Grundes gibt es nur im Tierschutzgesetz.*

Paragraphen und gesetzliche Vorschriften sollen den Schwächeren vor der Willkür des Stärkeren schützen. Im obigen Fall Kinder. Doch auch im Tierschutzgesetz heißt es: Wer einem Tier Schmerzen, Leiden oder Schäden zufügt, macht sich strafbar. Mit einer Ausnahme, die es in anderen Gesetzen nicht gibt: Strafbar macht sich ein Mensch nur dann, wenn er keinen *vernünftigen Grund* vorweisen kann, weshalb er ein Tier quält oder tötet. Falls sich überhaupt ein Kläger findet. Denn wo kein Kläger, da kein Richter. Und selbst wenn, fallen die Strafen immer lächerlich gering aus: „Ordnungswidrigkeiten“ sind es in der Regel.

Das deutsche Tierschutzgesetz: „Niemand darf ohne vernünftigen Grund Tiere quälen oder töten“

„Der Mensch hat für das Wohlbefinden des Tieres zu sorgen“, sagt das deutsche Tierschutzgesetz im Grundsatz. Schmerzen, Leiden und Schäden dürfen dem Tier laut Gesetz eben nur dann zugefügt werden, wenn hierfür ein „vernünftiger Grund“ vorliegt. Warum das so geregelt ist, kann einfach nachvollzogen werden: Ohne diesen Passus wären Schlachthöfe ebenso undenkbar, wie Tierversuche und vieles andere. Doch - so deutlich steht das nicht im Gesetz. Brutalität gegen Tiere wird lediglich grob eingeteilt in notwendige Gewalt, unnötige oder vernünftige. Der „vernünftige Grund" findet sich in der Regel immer dann, wenn der Mensch einen Nutzen aus der Qual eines Tieres ziehen möchte.

„Ein vernünftiger Grund kann dann gegeben sein, wenn der mit der Tötung verfolgte Zweck, die die Handlung auslösenden Umstände und die Wahrscheinlichkeit des Erfolgseintritts die Handlung des Täters erforderlich macht." (Aus: Tierschutzbericht der Bundesregierung, 1999, S. 52)

Ob das dann Recht oder Unrecht ist, bleibt meistens dahingestellt. Vor allem, wenn etwas schon lange üblich ist.

Männliche Küken des „Zuchttyps Legeleistung" werden seit vielen Jahren, auf der ganzen Welt, vernichtet, weil sie unrentabel sind. Auch in Deutschland jedes Jahr über 40 Millionen Küken – trotz Tierschutzgesetz: *„...sie werden bisher aus ökonomischen Gründen trotz bestehender ethischer Bedenken als Eintagsküken getötet."* (Aus: Tierschutzbericht der Bundesregierung, 1999, S. 52)

„Warum greifen Sie das Thema gerade jetzt auf? Hier passiert doch nichts Besonderes. Gibt es wieder einen Skandal um Hühner oder Eier, der im Hintergrund steht, und von dem wir noch nichts wissen?"

Besitzer der Legekükenbrüterei, in der wir schließlich die Vernichtung von Eintagsküken filmen durften. (ZDF, RTL, SAT1, 3sat, 2001 und 2004)

Nichts Besonderes. Und gerade das ist so erschreckend: Dass es scheinbar „normal" ist, das Leben von Küken zu vernichten, weil sie nicht rentabel sind.

„Ich schenke ihnen gern jeden Tag 90 000 Küken...“

Besitzer einer Kükenbrüterei, als er beobachtet, dass wir Küken in eine Schachtel setzen, um sie nach den Dreharbeiten mitzunehmen. (ZDF, 2001)

Küken: Tod am ersten Lebenstag

Kurz vor Mitternacht in einem Gewerbegebiet. Was aussieht wie eine Fabrikhalle, ist eine Kükenbrüterei. „Zutritt verboten“, mahnt ein Schild an der schweren Eisentür. Neugierige Blicke sind hier eigentlich unerwünscht. Wir dürfen ausnahmsweise rein.

In den langen Hallen lagern fast eine Million Eier in Brutschränken, jeder von der Größe einer kleinen Garage. Keine Glucken, sondern computergesteuerte Apparate brüten hier. 180 000 Küken schlüpfen in dieser Nacht - doch nur die Hälfte von ihnen darf überleben. Männliche Küken werden aussortiert und getötet.

Das „Aussexen“, wie die Geschlechtsbestimmung im Fachjargon heißt, übernehmen ausgebildete Spezialisten aus Korea. Jeder Handgriff sitzt: Küken hochheben, ein prüfender Blick auf die Länge der Federkiele an den Flügeln - und ab in einen der beiden Trichter neben jedem Sortiertisch. Inzwischen können das auch Laien: Es ist gelungen, Küken so zu züchten, dass man das Geschlecht an den Flügelfedern erkennt.

Aussortieren von Küken

Durch die Trichter rutschen die Küken auf zwei Fließbänder: ein Band für weibliche Tiere führt in die Versandabteilung. Das andere endet über einer Plastikbox. Sind die männlichen Küken erst durch die Öffnung oben im Deckel gefallen, beginnen sie zu zappeln und nach Luft zu schnappen, bis sie schließlich erstickt sind, denn über einen Schlauch ist CO2-Gas ins Innere des Behälters geleitet worden. 90 000 Küken werden hier in dieser Nacht so sterben - mehr als 40 Millionen sind es in Deutschland jedes Jahr. 250 Millionen allein in der EU.

Fließband in die Gasbox, in der die männlichen Küken erstickt werden.

Seit in den 70er Jahren Zuchtlinien aus den USA importiert wurden, sind die Brütereien spezialisiert: entweder auf die Zuchtlinie „Fleischansatz" oder auf den Typ „Eierleger". Die Eierproduzenten aber benötigen natürlich nur weibliche Tiere - so dass die Männchen dieser Sorte von Anfang an eine Art lebender Ausschuss sind: Sie legen keine Eier und wachsen langsam, viel langsamer, als jene Küken, die mittlerweile extra für „Fleischansatz" gezüchtet wurden. Die männlichen Eierlegerküken müssen deshalb am ersten Tag ihres Lebens schon wieder sterben. Die weiblichen Tiere dagegen wurden durch Zucht auf Eierlegen förmlich „programmiert":

Während die Urahnen unseres Haushuhns 5-6 Eier im Jahr legten, „produziert" der „Typ Eierleger" heute über 300 Eier, auch im Jahr.

Die Hennen legen und legen, bis ohne spezielle Futterzusätze sogar der Kalk aus ihren Knochen verbraucht ist, und ihre Beine brechen wie Glas.

Einige der Küken, die bei den Dreharbeiten gerettet wurden, auf dem Gut Aiderbichl bei Salzburg.

„Lege"-Henne, nach 15 Monaten und 450 Eiern ausgezehrt im Schlachthaus

Küken aus der Zuchtlinie „Fleischansatz" dagegen nehmen in Rekordzeit zu: Nach nur vier bis fünf Wochen Mast sind männliche wie weibliche „Hähnchen" „schlachtreif", sterben am Fließband. Über 40 Millionen jedes Jahr in Deutschland. Über 40 Millionen männliche Küken aus der „Eierleger"-Zucht werden dagegen vernichtet, weil sie langsamer wachsen würden. Ihr früher Tod ist eine Frage der Rendite.

Genau das aber hält die Deutsche Bundesregierung seit Jahren für „ethisch bedenklich". Es „stellt sich die Frage nach der Rechtmäßigkeit der Tötung von Eintagsküken aufgrund ihres Geschlechts", hieß es dazu schon im Tierschutzbericht der Bundesre-

gierung für 1999 und 2000. Der Hintergrund: Das Tierschutzgesetz untersagt das Töten eines Tieres ohne „vernünftigen Grund". Der liegt nach Ansicht der Bundesregierung auch nicht vor, denn das Tierschutzgesetz erlaubt es nicht, Tiere aus rein wirtschaftlichen Gründen zu töten. Dennoch wird die Praxis der Kükenvernichtung seit Jahrzehnten geduldet. Die frühere deutsche Bundesministerin für Landwirtschaft, Renate Künast, wollte dem nach eigener Aussage (2001) ein Ende machen. Das Problem dabei ist allerdings, eine „wirtschaftlich verträgliche Lösung des Kükenproblems" zu finden, wie die Fachleute sagen - und die ist weltweit nicht in Sicht.

Versuche, das Geschlecht von Küken schon im Ei zu bestimmen, ehe das Küken schlüpft, sind zwar gelungen, aber für den industriellen Maßstab nicht praktikabel. Also werden die männlichen Küken erst einmal weiterhin vernichtet.

Für die Arbeiter in der Brüterei heißt das: Weitersortieren. In der Halle, in der das Fließband für weibliche Küken endet, stapeln sich gegen Morgen Hunderte von Kartons mit der Aufschrift: „Vorsicht Erstickungsgefahr". Für den Versand im Inland, und den Export nach ganz Europa.

Im Nebenraum türmen sich die männlichen Küken, die mit Gas getötet worden sind, zu einem großen Haufen. Ein Arbeiter schaufelt sie in einen Container, sie werden zu Tierfutter verarbeitet. Alle paar Minuten kommt Nachschub, die Gasbehälter neben den Sortiertischen sind rasch voll. Wenn die Küken in den Kunststoffkisten noch piepsen oder nach Luft schnappen, muss „nachgegast" werden. Also dreht der Arbeiter den Gashahn noch einmal auf, und wartet, bis im Innern des Behälters alles still wird, endlich alle Küken erstickt sind.

Küken: 90 000 werden an diesem Tag vergast, dann in einen Container geschaufelt

Auch Tiere in Labors tötet man mit diesem Gas. Früher steckte man Küken gleich in den „Homogenisator". Dieser große, besonders schnell arbeitende Fleischwolf wurde als „tierschutzgerechteste" Tötungsmethode propagiert. In der Branche „Muser" genannt, ist die Maschine in den Brütereien nach wie vor im Einsatz.

Am Nachmittag nach dem „Aussexen" kippen die Arbeiter den restlichen Inhalt der Brutschubladen in den Apparat. Kartons und Eierschalen, dazwischen auch immer wieder Küken. Das Piepsen aus den Hunderten von Schubladen, die neben dem Homogenisator gestapelt sind, geht unter im ohrenbetäubenden Lärm des „Musers". Es lohnt sich nicht, diesen so genannten Nachschlupf - der erst geschlüpft ist, als schon sortiert war - noch aus den Schubladen zu holen. Deshalb werden diese Tiere zusammen mit Kartons und Eierschalen lebend in den „Muser" geschmissen und zermahlen. Eine Frage der Rendite - wie alles in der Geflügelindustrie.

Der „Homogenisator", im Jargon „Muser" genannt: Ein großer Fleischwolf, der Kartons und Küken zerhackt

Wir haben insgesamt 72 Küken aus den Brutschubladen genommen, ehe sie in den „Muser" entleert wurden, weil wir nicht mit ansehen konnten, wie sie lebend zermahlen werden sollten. 72 Küken von 90 000 an diesem Tag, in diesem Betrieb, von 250 Millionen, die jedes Jahr allein in der EU vernichtet werden. Fünf der Küken haben wir selbst behalten und bei uns aufwachsen sehen:

Keines war wie das andere, jedes ein Individuum. Voller Lebensfreude.

Marina mit einem der 72 Küken, die wir mitnehmen durften

Von „Abfallferkeln“, die sich nicht rentieren

(„Kein Schweinchen namens Babe“ u.a., ARD, STERN, ZDF 2000, 2001, 2004)

Eine ähnliche Entwicklung wie bei den Küken zeichnet sich seit einigen Jahren in der Schweinezucht ab. Mit viel Mühe ist es gelungen, auch hier spezielle Rassen für die Mast zu züchten, die schnell zunehmen, und solche für die Zucht, die möglichst viele Ferkel gebären. Die männlichen Ferkel des Zuchttyps „Muttersau" sind für die Mast nicht so rentabel, wie andere, eigens für diesen Typ gezüchtete Schweine.

„Babyferkelprogramme"

Also, hat man sich gedacht, braucht es für diese Ferkel eine eigene „Vermarktungsschiene", wie mir erklärt wurde. Möglichst rasch sollen die unrentablen Tiere aus dem Stall - und dabei möglichst auch noch Geld bringen. So genannte „Babyferkelprogramme" wurden entwickelt. Babyferkel nennen die Züchter in der Branche die Tiere mit einem Gewicht von etwa acht Kilo, manche sagen auch Acht-Kilo-Ferkel. Die Idee hinter dem Programm:

Während früher Milchferkel nur eine Delikatesse für Feinschmecker waren, soll es jetzt auch für Normalverbraucher kleine Ferkel zu kaufen geben. Billig, im Supermarkt. Die Nachfrage gab den ideenreichen Zuchtverbänden Recht. Schon vor einigen Jahren etablierte sich ein Schlachtbetrieb, der sich auf Baby- und Spanferkel spezialisiert hat und offenbar sehr erfolgreich arbeitet:

Etwa tausend Ferkel wurden in diesem Betrieb am Tag geschlachtet. Effizient und schnell: Immer fünfzig bis hundert der kleinen Tiere wurden in einen Schlachtraum getrieben, mit einer Elektrozange mal schlecht, mal recht, betäubt. Die Angst der kleinen Tiere, die ihren Artgenossen beim Sterben zusehen müssen, war kaum zu beschreiben: Wie eine Traube hingen die kleinen Ferkel übereinander an der Tür, gegenüber vom Schlachtband - ehe sie selbst ans Fließband gehängt und abgestochen wurden. Ich erspare Ihnen Details.

Und doch habe ich mir auch hier wieder die Frage stellen müssen: Wer oder was gibt den Menschen eigentlich das Recht dazu, diese kleinen Geschöpfe zu töten, die noch nicht einmal richtig leben durften? Dürfen die Gesetze der Marktwirtschaft und das

Recht des Stärkeren tatsächlich alle ethischen Einsprüche vom Tisch fegen, wenn es „nur" um Tiere geht?

Verdrängen verhindert Erkennen

Diese Frage stellt sich meistens niemand mehr, wenn Abläufe mit Tieren erst einmal üblich geworden sind.

Vor allem dann, wenn etwas in einer Kultur als „gesellschaftsfähig" erachtet und mit viel Raffinesse automatisiert wird für den Massenbetrieb und Massennutzen. Abläufe werden institutionalisiert, es gibt dann Manager, Ausführende, Handlanger - die Verantwortung wird vom einen zum anderen weitergegeben. Und keiner denkt mehr so recht darüber nach, was da eigentlich passiert. Mit den Tieren.

Wer würde allen Ernstes glauben, dass jemand, der den ganzen Tag im Schlachthof im Akkord Hälse aufschlitzt, sich nebenher Gedanken über die Ethik seines Handelns machen kann? Würde er das tun, so gäbe es zwei Möglichkeiten: Entweder würde dieser Mensch keine Hälse mehr aufschlitzen wollen, oder aber verrückt werden. Leute, die im Schlachthof arbeiten, sind keine ganz besondere Sorte. Sie kommen heute aus aller Herren Länder und den verschiedensten Kulturen.

Es sind Menschen, die das Geld brauchen, das sie damit verdienen. Und: die stellvertretend für jene töten, die ihre Verantwortung an der Ladentheke abgeben. Nicht nur die so genannten „Kopfschlächter", sondern auch das Büropersonal und sogar die Tierärzte abstrahieren oft ihr Verhältnis zum massenhaften Töten, und damit auch zum Tier als Lebewesen. „Man wird mit der Zeit betriebsblind", habe ich schon mehrfach von Tierärzten gehört, die in Schlachthöfen tätig sind - aber auch an Grenzstationen, an denen Tiertransporte abgefertigt werden, oder in Labors.

Betriebsblindheit

„Betriebsblindheit“ bedeutet: man nimmt Abläufe nicht mehr bewusst wahr, **überdenkt** sie nicht mehr. Insbesondere in Schlachtbetrieben ist der Hintergrund durchaus erklärbar: Hier wird massenweise Leben zum Tode befördert - getötet eben. Die Psyche der Menschen, die an solchen Orten arbeiten, schützt sich durch Verdrängung, um nicht allzu viel Schaden zu nehmen. Der Überlegung, ob es richtig oder falsch ist, Tiere so zu behandeln, wird kein ernsthafter Zugang in die Gedanken oder Gefühle gestattet.

Stattdessen konzentriert sich der Schlachter auf die Stückzahl, der Tierarzt auf die Fleischqualität, das Büropersonal auf abstrakte Zahlen.

Das Phänomen, dass Tiere nicht mehr wirklich als leidensfähige Lebewesen wahrgenommen werden, findet sich nicht nur in Schlachthöfen, sondern auch in Tierversuchslabors und anderen Bereichen, wo Menschen von Berufs wegen Tiere misshandeln und töten. Oft bringt es schon die Sprache an den Tag: In Labors spricht man nicht von „Tieren“, sondern von „Versuchen am Tiermodell“, und Tieren als „Tiermaterial“.

> *„Manche von den Affen sind sehr lange hier, da kann es schon mal vorkommen, dass sich ein Pfleger an ein Tier gewöhnt. Das ist dann schwierig für ihn, wenn der Affe getötet werden muss.“*
>
> *Leiter eines Forschungslabors, das Tierversuche an Primaten durchführt. (ZDF, „Menschen für Tiere“, 2006)*

„Wer schweigt, scheint zuzustimmen"

Papst Bonifatius VIII (13. Jh.)

Doch - warum um alles in der Welt sollte uns beispielsweise die Psyche eines Kopfschlächters interessieren?

Vielleicht, weil wir als Fleischesser seine Auftraggeber sind. Und weil vielleicht nicht nur jene abstrahieren und verdrängen, die Tierleid unmittelbar verursachen oder das blutige Geschäft vollziehen. Nicht nur wer tötet, kann von Gewissensbissen geplagt werden, sondern auch wer töten lässt. Könnte das mit ein Grund sein, weshalb wir den - eigentlich sehr engen - Zusammenhang zwischen der Gewalt in manchem Stall und im Schlachthof und dem „Genuss" eines „schönen Stücks Fleisch" so erfolgreich verdrängen?

Andere werden zuständig sein, und vielleicht wissen wir lieber gar nicht so viel von der Vorgeschichte eines Schnitzels oder einer Hähnchenbrust. Denn wenn uns etwas nicht betrifft, gibt es für uns auch nichts daran auszusetzen oder zu ändern. Es geht uns nichts an, ist unwichtig für unser Leben und unsere Gedanken. Wer nicht mitmacht, sieht weg. Die mitmachen werden schon wissen, was sie tun. „Man" sieht weg, verdrängt nötigenfalls und schweigt. Man duldet stillschweigend. Was das bedeutet, hat Papst Bonifatius VIII schon im 13. Jahrhundert deutlich gesagt: „Wer schweigt, scheint zuzustimmen".

„Die Transportfahrer sollte man mal selbst hinten in einen LKW sperren und durch Europa karren...",

schreiben Tausende von Menschen immer nach Filmen über Tiertransporte. Wird das Leid von Rindern oder Pferden sichtbar, möchten die Menschen das geändert haben. Vieles ist denn auch geändert worden in den letzten Jahren.

Auf Filme über Tiertransporte haben die Menschen immer heftig reagiert. Vor allem dann, wenn es um Rinder oder Pferde geht, die weit entfernt ins Ausland transportiert werden. Natürlich ist es erfreulich, wenn Menschen auf Bilder von Tierquälerei reagieren. Aber es fällt auf, dass die Reaktionen heftiger ausfallen, wenn da „Schuldige" sind. Exporteure, Fahrer, Importeure – und die Tiere anderswo gegessen werden. Zwar gab es immer Menschen, die auf Transportfilme hin ihren Fleischkonsum eingeschränkt oder ganz eingestellt haben, aber die große Empörung richtete sich immer in Richtung Brüssel und Beirut.

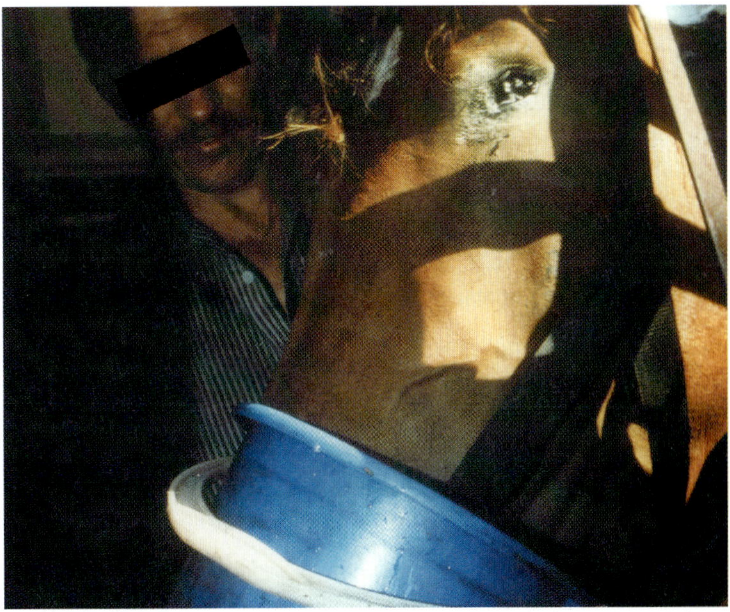

Pferdetransport Litauen - Sardinien: Dieser Fahrer tränkt ein Pferd, dem italienische Stallburschen an der Grenze ein Auge ausgeschlagen haben, mit einem Eimer, weil es in Italien kaum Tränkestationen gibt.

Tiertransporte: Wenn das Leid zwischen Stall und Schlachthof sichtbar wird.

Am wenigsten geändert hat sich für die Tiere, die von der Zahl her am meisten transportiert werden: Für das „Federvieh", das weder Sympathieträger noch Haustier ist, interessieren sich wenig Menschen, es sei denn, auf ihrem Teller. Seit BSE und Schweinepest ist Geflügelfleisch gefragt wie nie zuvor - trotz Vogelgrippe, weil es weniger Kalorien hat als Schweine- oder Rindfleisch.

Es ist allerdings eher Zufall, wenn man die Tiere zu Gesicht bekommt. Denn normalerweise werden „Schlacht"-Tiere spätnachts transportiert, um frühmorgens am Schlachthof zu sein.

Natürlich sehen Hühner, die eineinhalb Jahre in Käfigen gehalten wurden, erschreckend aus. Viele Menschen sind fassungslos, wenn sie zufällig einem solchen Transport begegnen: 6000 eingepferchte, elende Kreaturen, die meisten federlos, manche bluten. Viele mit abgeknickten Flügeln oder Beinen, die beim brutalen Herausziehen aus den Käfigen und Stopfen in die Transportkisten gebrochen wurden. Das spielt scheinbar keine Rolle mehr. Der Transport soll billig sein, denn die Fleischfabrik zahlt kaum noch 50 Cent für ein Tier.

Der LKW-Transport ist nur der vorletzte Akt des Dramas. Die Tiere, an denen sich die Menschen erschrecken, wenn sie zufällig an der gleichen Tankstelle halten, haben endlos scheinende Monate der Qual hinter sich, von denen niemand Notiz genommen hat. Meine Frau meinte noch: „Ist es nicht bezeichnend, wie man ein so junges Tier in so kurzer Zeit so zugrunde richten kann...?"

Eine eilig von Passanten herbeigerufene Polizeistreife an einer Tankstelle bei Osnabrück meinte angesichts der ausgemergelten 6 000 Kreaturen auf dem LKW: „Na ja, das ist halt wie bei Arbeitern am Ende ihres Berufslebens..." (ZDF, 2001). Das klingt zynisch, aber ich glaube, den Beamten ist im Moment einfach nichts Passendes eingefallen. Den Transport selbst konnten sie nicht beanstanden. Die engen Transportkisten haben dem Gesetz entsprochen.

Nach fünfzehn Monaten Käfig: Hühner sehen auf dem Weg zum Schlachthof zum ersten – und letzten - Mal Tageslicht, die Sonne.

Auch wenn zufällig ein Transporter beladen mit Puten an eine Raststätte fährt, erregt das Aufmerksamkeit. Manche schauen verstohlen aus der Ferne, andere sprechen die Fahrer sogar an. Darauf, dass die Tiere so elend aussehen.

Natürlich wird Geflügel immer möglichst billig transportiert. Denn das billigste Fleisch wird am meisten nachgefragt. Auch bei Puten wird auf dem Transport das Leid der Tiere zwischen Stall und Schlachthof kurz sichtbar für die Öffentlichkeit.

Bei einer männlichen Pute, das ist übrigens dasselbe wie ein Truthahn, ist vor allem die Brust gefragt. Deshalb hat man den Tieren eine so große Brust angezüchtet, dass sie wegen des hohen Gewichts oft nicht einmal mehr stehen können. Das sieht natürlich auch auf Transporten erbärmlich aus. Es sind nicht selten schon die Leiden und Schäden durch Zucht und Haltung, die auch den Transport für die Tiere noch belastender machen. Nur bekommt das normalerweise niemand zu sehen.

Puten: Ihr Fleisch ist besonders gefragt. Billige Putenbrust muss in großer Menge, immer und überall, verfügbar sein. Nur 16 Wochen dauert die Billigmast, dann folgt der Tod am Fließband. Zehn Jahre könnte eine Pute alt werden.

Eine Kette von Verantwortlichkeiten

Dass wir durch den **massenhaften**, oft unbedachten Konsum tierischer Produkte wie Fleisch oder Eier sowohl die Massentierhaltung, als auch Tiertransporte und das Töten im Akkord regelrecht „anheizen", auf diesen Gedanken kommen die meisten Menschen nicht. Zu normal ist alles - das tägliche Fleisch, die Wurst, die Milch, der Käse, die Eier, auch das Leder und so weiter.

Natürlich kann man die Reaktion der Menschen auf Tiertransporte verstehen – denn nur auf dieser kurzen Strecke zwischen Stall und Schlachthof kann der Weg des „Schlacht"-Tieres sich mit dem Weg dessen kreuzen, der es später isst. Natürlich hat oder hätte ein Tiertransporteur die Pflicht, die Tiere so schonend wie möglich zu transportieren. Und auch die Reaktion: „Den sollte man mal selbst in den Lastwagen sperren" ist verständlich. Nur:

Was sagen Sie, wenn Sie weiterdenken, dann zu einem Kunden an der Fleischtheke? Oder dem Gast in einem Restaurant? „Sollte man den mal in einen engen Stall sperren, durch Deutschland im LKW karren", und so weiter?

Natürlich ist „der Konsument" nicht allein für alles verantwortlich, auch wenn das manchem Tierschinder gut ins Konzept passen würde.

Aber wer konsumiert, ist derjenige (gemeint ist natürlich immer auch diejenige...), der durch seine Nachfrage nach einem tierischen Produkt wie Fleisch einen Kreislauf von Zucht, Haltung, Transport und Schlachtung in Gang setzt. Wenn darüber hinaus das Billigste gerade gut genug ist, verursacht ein Konsument eine ganze Kette von Leid und Tod. Meistens ohne das überhaupt zu bedenken oder sich dafür zu interessieren, wie das alles geschieht. Und damit ohne je zu erfahren, was er eigentlich anrichtet, obwohl er das doch gar nicht verursachen wollte.

Dabei ist der Zusammenhang unübersehbar: Als immer mehr Putenbrust gekauft wurde, haben findige Züchter männliche Tiere mit einer überdimensionalen Brust gezüchtet. Die Folge: 97% der Truthähne können nicht mehr stehen, liegen zum Ende der Mast im Stall auf der Brust. Oft bilden sich dadurch so genannte „Brustblasen", ein schmerzhafter Ausschlag. Und natürlich Beinschäden, weil die Brust viel zu schwer für die Knochen ist. Solche Zucht und eine enge Aufstallung garantiert billiges Putenfleisch: Entsprechend der Nachfrage, denn genau das wird am meisten gekauft.

Die Verantwortung weiterreichen

Dabei ist es keine Frage, dass auch wer Tiere züchtet, hält, transportiert oder tötet Verantwortung dafür trägt. Und auch diejenigen, die mit Produkten von Tieren handeln und damit einen Nutzen aus dem Leid oder Tod dieser Lebewesen ziehen, haben eine Verantwortung gegenüber der Vorgeschichte eines Produktes: dem Tier gegenüber. Jemand, der Eier aus der Käfighühnerhaltung verkauft, macht sich nicht weniger schuldig, als der, der sie kauft. Denn er profitiert vom Elend dieser geschundenen Kreaturen.

Der Verbraucher will billige Eier ...

Meistens versuchen all jene, die tatkräftig oder finanziell an der Ausbeutung von Tieren beteiligt sind, die Schuld gänzlich auf den Verbraucher abzuschieben: „Der Verbraucher" will billiges Fleisch, „der Verbraucher" will billige Eier - und so weiter, also muss ich so produzieren...

Doch offenbar will gar nicht jeder Verbraucher die billigen Eier: Seit 2004 müssen Eier nach der Haltungsform gekennzeichnet werden. Der Konsum von Öko- und Freilandeiern ist seither enorm angestiegen. Auch wenn die Käfighaltung 2005 verboten und 2006 das Verbot wieder gekippt wurde: Die Kennzeichnung der Packungen und Eier bleibt. Der Käufer *kann* entscheiden, welche Haltungsform er unterstützen möchte. Die Verantwortung kann damit nicht mehr nur an den abgeschoben werden, der Hühner im Käfig hält.

Der sie seinerseits auch nur allzugern weitergibt. Viele Tierschinder sind wahre Meister im Abschieben der Verantwortung an Konsumenten, Politiker, Ladenketten. Gerade so, als führten Sie Befehle aus, ohne selber denken zu dürfen. Vielleicht brauchen diese Menschen das aber auch, um ihr Tun vor sich selbst zu rechtfertigen.

Gelten lassen kann man diese Argumente letztlich nicht. Denn jeder, der zum Nachteil von Tieren einen eigenen Vorteil hat, ist ein *Mittäter.* Selbst ein Wirt oder eine Hotelküche, die die billigen Eier aus der Käfighaltung verarbeiten und servieren, werden schuldig an Tierleid. Ebenso wie jener, der versucht, immer noch billiger zu produzieren oder zu verkaufen als sein Konkurrent.

Die kaufen das doch sowieso...

Nach Filmen über den niedersächsischen Hühnerbaron P., der bis vor einiger Zeit der größte Hühnerhalter Europas war, waren die Menschen aufgewühlt. Vornehmlich, weil zul alte Eier verkauft wurden und auch, weil er mit Giften im Stall gearbeitet hat, die für Konsumenten schädlich sind. Hatten die Leute doch blauäugig geglaubt, dass ein solcher Mensch zwar Tiere bis ins Unvorstellbare quält - auf ihre Gesundheit aber Rücksicht nehmen würde. Natürlich wurde in diesem Zusammenhang am Rande auch die Kritik laut, dass man nicht so viele Hühner in Käfigen halten darf, denn in den Filmen waren auch die zu Tode geschundenen Tiere zu sehen.

Wir hatten nachts versucht, eine der Hühnerfarmen bei Vechta zu betreten. Es ist uns nicht gelungen, denn wir sind schließlich keine Einbrecher. Alles war verschlossen, der Ort des Grauens massiv gesichert gegen neugierige Blicke.

Neben der Farm stand der übliche Container mit dem „Ausschuss" des Tages: Mehrere hundert tote Hühner. Eines davon lebten noch, ein bisschen jedenfalls. Wir haben im Film dieses Huhn gezeigt, dass lebend im Abfallcontainer lag. Ohne Federn, halberfroren, halbverhungert, übersät mit blutenden Wunden. Obwohl wir das Huhn zu einem Tierarzt gebracht haben, hat es nicht überlebt. Diagnose: Zu sehr ausgezehrt, zu viele Wunden, zu viele Knochenbrüche.

Nach diesem Tier hat kein Zuschauer gefragt. Es wurde gegen die Gesundheitsgefährdung des Verbrauchers protestiert und auch im Allgemeinen ein bisschen gegen die Quälerei der Hühner. "Hühnerbaron" P. wurde wieder aktenkundig, wie so oft schon, weil er den Verbrauchern Schaden zugefügt hatte. Er hatte unter anderem viel zu alte Eier verkauft. Aber alles halb so schlimm: Kurz darauf gaben die Behörden Entwarnung, die Eier seien jetzt nicht mehr schädlich für die Gesundheit.

Verschleiern, vertuschen, weiter verkaufen - wir kennen das auch, wenn es um Tierseuchen wie BSE geht oder Gammelfleisch. Jedenfalls haben die Menschen in Deutschland und Europa wenige Tage nach dem Skandal wieder jeden Tag Millionen dieser Eier gekauft und gegessen - wie immer eben. Da lacht der Hühnerbaron, denn er weiß: Was immer ich mache: *„Die kaufen das doch sowieso"*.

Wegsehen - wegdenken

Traurig, aber wahr. Bilder von misshandelten Tieren erschrecken die Menschen nur für kurze Zeit. Dann gehen alle wieder zur Tagesordnung über. Schon im eigenen Interesse, um die schlimmen Bilder loszuwerden. Die meisten Menschen kaufen und essen wenige Tage nach einem Film oder Bericht wieder wie zuvor. Und erteilen damit schweigend ihre Zustimmung.

Was ich nicht weiß, macht mich nicht heiß?

Ob man zustimmt oder nicht, ist allerdings letztlich egal. Das Tierleid in den Massenställen, auf den Straßen und in den Schlachthöfen scheint uns nicht zu betreffen. „Man" hat - scheinbar - nichts „damit" zu tun. Solange man sich durch Wegsehen, Wegdenken und damit Nicht-Wahrhaben-Wollen raushält aus der Realität der täglichen Tierquälerei, geht uns die auch nichts an. Für unser Leben und unsere Gedanken ist das Wohl und Wehe der betroffenen Tiere schlicht - unwichtig.

Doch nur, wenn uns etwas wichtig genug scheint oder eben für uns selbst wichtig wird, setzen wir uns damit auseinander, dass Gegebenes nicht unabänderlich ist. Etwa, wenn wieder ein Skandal hoch kocht, ob das ein Hormonskandal ist, es um Antibiotika geht oder um BSE. Oder auch nur ums Geld. Für ihr Einkommen gehen Tausende von Bauern auf die Straße. Ebenso Metallarbeiter oder Ärzte. Demonstrieren, legen ihre Arbeit nieder, unterbrechen ihren Lebensrhythmus.

Wenn zu Protesten für Tierrechte aufgerufen wird, finden sich allenfalls ein paar hundert Leute. Weil wir zuwenig über „unsere" Tiere wissen - oder vielmehr wissen möchten - und damit auch keine Verantwortung übernehmen, ist uns das Leben und Sterben „unserer" Eiererzeuger und Fleischlieferanten auch nicht wichtig. Es ist nicht präsent in unserem täglichen Leben.

Dass zumindest jene Tiere, von denen wir einen Nutzen haben, eigentlich „unsere" Tiere sind, auch wenn ein anderer „Besitzer" ist, verleugnen wir. Wir sehen uns längst nicht als Auftraggeber, die den Erwerb, die Haltung, den Transport und auch die Tötung von Tieren finanzieren.

Wer zahlt, will nicht immer auch befehlen...

Nähern wir uns diesem Gedanken einmal aus einem anderen Blickwinkel: In welchem anderen Lebensbereich würden Sie Geld, also einen Teil Ihrer Arbeitszeit, einem Unbekannten geben und sagen: „Nein, ein Mitspracherecht brauche ich nicht. Ich zahle, tun Sie nur, was Sie für richtig halten." Um bei Lebewesen zu bleiben: **Würden Sie Ihren Hund im Urlaub für zwei Wochen in eine Hundepension geben, bezahlen und sagen: „Es ist mir egal, ob sie ihn in den Keller sperren und schlagen. Ich bin nicht verantwortlich, wenn das Tier nicht bei mir zuhause ist. Und ich verstehe gut, dass Sie es geheim halten müssen, wie Sie meinen Hund in dieser Zeit behandeln. Das geht mich nichts an..."?**

Würden Sie sich nicht vielmehr ausbedingen, dass Ihr Hund angemessen untergebracht, versorgt und gepflegt wird? Es ist schließlich Ihr Hund, und Sie finanzieren die Unterbringung. Auch wenn heute kaum mehr jemand ein ganzes Schwein auf einmal kauft und schlachten lässt: grob Statistisch gesehen isst doch jeder ein Tier pro Jahr. Wenn Sie diese Verantwortung für Ihr Schwein oder Ihr Huhn übernehmen, werden Sie mitbestimmen wollen. Sie sind der Auftraggeber. *Sie* können entscheiden, ob Ihr Tier leben oder sterben soll und wie ein Tierhalter ihr Tier zu halten hat. Wenn Sie mit der Haltung Ihres Huhnes im Käfig beispielsweise nicht einverstanden sind, können Sie das der betreffenden Firma sehr einfach mitteilen. Ohne anzurufen oder zu schreiben, ganz einfach, indem sie keine Eier mehr von dieser Firma kaufen. Damit nehmen Sie Ihr Huhn aus diesem Stall. Denn wir können tatsächlich erwarten, dass der, der ein Tier - in unserem Auftrag - in Obhut hat, es anständig behandelt. **Nur - vertrauen Sie darauf nicht blindlings, sondern übernehmen Sie die Verantwortung und nehmen Sie ihre Möglichkeiten und Rechte wahr. Das können Sie als Einzelne(r) tun.**

Ist der Respekt vor dem Schwächeren teilbar?

Tiere zu quälen gilt heute in unserer westlichen und vielen anderen Kulturen eigentlich als etwas Verwerfliches. Eigentlich, denn abgesehen von kulturellen Unterschieden hängt es von den Umständen und vor allem auch von der Tierart ab, ob das Quälen eines Tieres als gesellschaftsfähig gilt oder „man" wegsieht und wegdenkt.

Je nach Zweck und je nach Tierart. Wer in der Öffentlichkeit seinen Hund tritt oder auf einem Tiertransport seinen Kühen kein Wasser gibt, gilt als Tierquäler. Wenn aber ein – verantwortungsbewusster, grauhaariger - Wissenschaftler im Labor Mäuse quält, sind die Meinungen geteilt. Für die einen ist er Dr. Frankenstein, selbst wenn er den Mäusen noch nicht einmal weh täte, die anderen sehen auch in den grausamsten Versuchen noch den höheren Zweck, der - da ist man sich sicher - dahinter steht. Der höhere Zweck ist danach selbstverständlich das Wohl des Menschen. Zu-

mindest besteht laut dem, der die Experimente durchführt, die Chance, dass sein Handeln der Menschheit einen Vorteil verschaffen könnte. Auch wenn eine große Zahl von Tests an Tieren gar nicht Medikamente, sondern Chemikalien und anderes betrifft und meistens nur der betreffenden Firma nützt. Die Begründung, manche Versuche an Tieren *könnten vielleicht* dem Menschen nützen, genügt den meisten, um ganz wegzusehen. Der Zweck heiligt dann die Mittel, vor allem, wenn es sich bei den Mitteln „nur" um Mäuse handelt.

„90 Prozent der Versuchstiere sind (nur?) Nagetiere..."

„90 Prozent der verwendeten Versuchstiere sind Nagetiere", sagen offizielle Statistiken beruhigend. Es fehlt eigentlich gerade noch das kleine Wort „nur". Bei solchen Formulierungen ist indes nicht die Leidensfähigkeit der Tiere graduiert, sondern wird dem Sympathiewert der Menschen für eine Tierart Rechnung getragen. Wie wir alle wissen, gibt es eine sehr klare Werteinteilung des Tierreiches nach menschlichen Maßstäben. Die richtet sich meist danach, wie nahe ein Tier dem Menschen steht, daneben auch nach äußerlichen Merkmalen, solchen wie Kulleraugen oder einem weichen Fell. Die Skala sagt aus, wie liebenswert und schützenswert eine Tierart für die meisten Menschen ist. Tiere mit Schuppen, Federn oder Schweinsaugen etwa rangieren ganz unten.

So verwundert es nicht, dass es in den USA für Haustiere eigene Friedhöfe gibt, Legehühner dagegen in manchen Staaten sogar aus dem Tierschutzgesetz ausgenommen sind, Nagetiere sowieso. Auch in Indien findet sich dieses Phänomen: Es gibt Hindus, die zwar kein Fleisch essen, wohl aber Geflügel. Sogar manche Tierschutz-Initiative behandelt Tiere, die keine Sympathieträger sind, stiefmütterlich. **Obwohl gerade diese Tiere den Tierschutz oft am meisten bräuchten.**

Von Hunde-Essern und Schlacht-Schweinen

Je nach Kultur gibt es natürlich Unterschiede, welches Tier als Freund des Menschen Schutz genießt und welcher Tierart keine Rechte zugebilligt werden. Es gibt asiatische Länder, in denen es undenkbar wäre, eine Gans zu essen. Mancher Westeuropäer dagegen empfindet Abscheu beim Gedanken, dass in einigen asiatischen Ländern der Hund und die Katze auf der Speisekarte stehen.

Schäferhund: Hier Haustier, anderswo ein „Nutz-Tier", oft bei lebendigem Leib gehäutet.

Von Haushunden und Speisehunden

In China beispielsweise werden Schäferhunde gezüchtet, um sie später aufzuessen und ihr Fell zu verkaufen. Andere Länder - andere Sitten? Nein, so einfach ist es nicht. Denn auch in China - wie überall - gibt es die Einteilung zwischen dem - liebenswerten - Haustier und dem „Schlacht"-Tier, allerdings nach anderen Kriterien. Hier gibt nicht die Tierart an sich den Ausschlag, so wie bei uns, sondern oft die Rasse. Ich habe in China Menschen kennen gelernt, die Hunde auf schrecklichste Weise schlachten, ihnen gar das Fell lebendig abziehen und dennoch den Hund einer speziellen *Rasse* zuhause liebevoll umsorgen. Man sieht in Peking viele Menschen mit (kleinen) Hunden spazieren gehen. Das heißt nicht, dass es nicht nebenan ein Lokal gibt, in dem andere, „Speise-Hunde", gegessen werden.

Den eigenen „Haushund" dagegen würde ein Chinese nicht essen. Er gilt als Haustier, ebenso wie die Angorakatze, die beim Besitzer eines Katzenschlachthauses in einem Körbchen auf dem Fernseher schnurrt, während im Hof Hunderten von Katzen anderer Rassen die Haut für Fellprodukte und Pelzbesätze abgezogen wird.

Was Katzen betrifft, so gibt es diesen Unterschied auch bei uns. Allerdings ist es meistens nicht dieselbe Person, die eine Katze hegt und pflegt und eine andere abzieht. Die Wertschätzung hängt hier vom Betrachter ab. Eine Katzenfreundin liebt ihre Mieze als Familienmitglied. Mancher Jäger dagegen schießt sie gerne ab, weil er darin nur ein Raubtier im Revier sieht, eine Konkurrenz um die Beute. Ein Jäger, den ich für den Film „Kater Benny vermisst" (ZDF, 2005) getroffen habe, zieht Katzen das Fell ab, lässt es in seine Jacke oder Hose einnähen. Ganz wie in China.

„Das sind selbst erbeutete Katzenfelle. Ich habe mir diese Katzenfellhose hier selber zusammengeschossen, zusammen gefangen, zusammengearbeitet ... aber nur aus Katzen mit einem guten Winterfell.... Katzen, die über zweihundert Meter vom Haus weg sind, sind für uns Jäger automatisch wildernd...

Kreisjägermeister (Funktion vor dem Film) aus Schleswig-Holstein im Interview zur Katzenjagd.
(„Kater Benny vermisst", ZDF, 2005)

„Ich habe die Katzen selber großgezogen, von Geburt an, das sind für mich wie meine Kinder. Und dann nimmt man die mir einfach so weg ...dass Leute sich so etwas erlauben, das kann ich nicht begreifen."

Ältere Dame aus Kassel über das Verschwinden ihrer Katzen und die Ungewissheit über den Verbleib.
(„Kater Benny vermisst", ZDF, 2005)

Im Allgemeinen fällt die Beurteilung der Tierwelt durch den Menschen allerdings weit einfacher aus, steht im Einklang: Ein Hund ist zum Liebhaben da, ein Schwein zum Essen - oder? Wenn unser Haustier so traurig wäre, wie es Schweine im Schlachthof sind, so schreckliche Angst hätte und ihm jemand solche Schmerzen zufügen würde - also, wir würden denjenigen sofort anzeigen, das Tier in die Arme nehmen, trösten, streicheln, ihm gut zureden. Wir wären empört, betroffen. Ganz anders dagegen beim Schwein, das für unseren Teller sein Leben lassen muss: Ein Schwein hat sein Leben bereits mit der Geburt verwirkt - weil es eben als so genanntes „Schlacht"-Schwein geboren wurde. Das ist der Lebenszweck, den der Mensch ihm zugeschrieben hat. Egal, wie liebenswert das Tier wäre, es wird nicht bei uns im Garten leben, sondern irgendwo, anonym, als Teil einer Masse sterben. Seine Angst wird mit Fußtritten auf den Rüssel beantwortet, seine Schmerzensschreie haben allenfalls noch mehr Schläge zur Folge. Zum Glück wissen wir davon nichts...

Was ich nicht weiß, verdirbt mir nicht den Appetit?

Viele Menschen sehen sich Filme, die sich kritisch mit dem Umgang mit Tieren auseinandersetzen, gar nicht erst an. „Ich kann mir die schlimmen Bilder nicht ansehen, das belastet mich zu sehr", sagen sie. Es stimmt: Bilder von Tierquälerei belasten die Seele.

Doch: Wie gehen wir Menschen eigentlich mit Tieren um, wenn wir uns das, was sie tagtäglich durchmachen müssen, noch nicht einmal zehn Minuten im Fernsehen anschauen können? Was lassen wir zu, wenn wir nicht mehr schlafen können, nachdem wir davon erfahren haben? Darf die Devise tatsächlich lauten: Wegsehen und weiteressen?

Gleichgültigkeit hat viele Gesichter. Vom Nicht-Wissen-Wollen, bis hin zum Egal-Sein oder Verdrängen, obwohl man es eigentlich weiß oder wissen könnte. Oder: Gar nicht erst etwas darüber wissen wollen, weil man es einfach nicht ertragen kann.

Ist glücklich, wer vergisst?

Wegzusehen mag im ersten Moment bequem erscheinen. Und doch: Es kostet auf Dauer Lebensqualität. Denn Wegsehen heißt letztendlich: verdrängen. Verdrängung ins Unbewusste. Das, so wird ihnen jeder Psychologe bestätigen, macht auf Dauer krank. Oder zumindest: unglücklich. Auch wenn das in diesem Fall Tiere betrifft, und keine Kindheitserinnerungen: Tiere und tierische Produkte begleiten uns jeden Tag, ein Leben lang.

Die Realität ist dieselbe, ob wir sie mit offenen Augen ansehen, oder die Augen verschließen. **Der Unterschied ist, dass sich Umstände nicht ändern können, wenn wir uns weigern, sie überhaupt zur Kenntnis zu nehmen.** Menschen und Tiere leben zur selben Zeit auf derselben Erde und hängen oft genug voneinander ab. Ausgerechnet Tierleid begleitet uns mittlerweile den ganzen Tag, meist, ohne dass wir es bewusst wahrnehmen.

Andere werden sich drum kümmern.

Tierschutzvereine, Politiker und na ja, andere eben. Vielleicht gestehen wir uns ja noch ein, dass wir eigentlich verantwortlich wären. Als Fleischesser, Eierkonsumenten, Kosmetikbenutzer, Lederkäufer, Autofahrer und so weiter. Aber spätestens der Gedanke: „Was kann ich als Einzelner schon ausrichten", erstickt meist jedes Weiterdenken im Keim.

Dabei macht gerade der Einzelne den Unterschied. So, wie beim Umweltschutz jeder Einzelne den Müll trennt, besteht auch im Tierschutz die Gesellschaft aus Einzelnen. Das ist banal, ja. Aber zugleich trägt dieser Gedanke Hoffnung in sich: Nicht nur Engagement oder große Organisationen bewirken Tierschutz. **Kleine, noch nicht einmal unangenehme Änderungen im täglichen Verhalten von Einzelnen führen letztlich zu Tierrechten im Ganzen.**

Man hat sich nichts dabei gedacht...

Als ich noch ein Kind war, gab es bei uns sonntags öfters Sauerbraten. Und auch sonst alles mögliche Tierische. Ganz „normal", wie bei anderen Leuten auch. Meine Eltern waren durchaus anständige Leute, wenn sie jemand als Tierquäler bezeichnet hätte, so wären sie dieser Anschuldigung fassungslos gegenübergestanden. Sie wären nie auf die Idee gekommen, darüber nachzudenken, wie wohl ein Schwein gelebt hat und gestorben ist, um schließlich als Sauerbraten auf unserem Teller zu liegen.

Man hat sich nicht nur nichts Böses, sondern einfach gar nichts dabei gedacht...

Tierschutz ist in erster Linie ein Gedanke

Kaum jemand widmet beim Einkauf von Eiern seine Gedanken dem Huhn, das irgendwo irgendwie als Teil einer Masse lebt. Man oder frau geht durch den Supermarkt, kauft Butter, Zigaretten, Nudeln, Käse, Wurst, Bier, Eier, Briefumschläge. Die 10 Sekunden Nachdenken über ein Huhn im Käfig, bei der Wahl der Eierschachtel, bleiben aus. Nachgedacht wird allenfalls über den Preis: 30 Cent sparen, Kleinvieh macht auch Mist. Tierschutz endet am Geldbeutel, heißt es. Bei manchen Zeitgenossen mag das zutreffen, insgesamt aber scheint mir diese Feststellung zu lapidar. Es fehlt das Bewusstsein. Denn ich meine, Tierschutz beginnt im Kopf. In den Gedanken.

Gibt es den Gedanken an das Tier hinter dem Produkt nicht, wird Tierschutz in keinem Fall stattfinden. Tierschutz mag in zweiter Konsequenz eine Handlung sein, in erster Linie aber ist es ein Gedanke, ein Sich-Bewusst-Sein, dass es da Lebewesen gibt, für die wir insbesondere als Konsumenten eine Verantwortung tragen.

Kinder verhungern in Afrika, Hühner leiden in Vechta. Beides wissen wir irgendwie, doch beides geschieht außerhalb unseres Lebensbereiches. Mitgefühl scheint reserviert für einen selbst und für jene, die man kennt - oder zumindest sieht. Für jene eben, an deren Leben man in irgendeiner Weise Anteil nimmt.

Alle Tiere sind unsere Tiere

Erst, wenn auch Tiere wie die so genannten „Nutz"-Tiere gedanklich für uns existieren und präsent sind, interessiert uns ihr Schicksal und es ändert sich etwas. Wenn wir es wagen, uns damit auseinander zu setzen, dass auch wir für diese Tiere in einem Hühnerstall, Schlachthof oder Tierversuchslabor Verantwortung tragen, möchten wir über das Leben dieses Tieres etwas wissen. Und erst dieses Wissen ermöglicht uns Entscheidungen.

Wenn die Mehrheit einer Gesellschaft allerdings einer Frage gleichgültig gegenübersteht, das heißt, die Verantwortung abgibt, entscheiden Interessensgruppen. Und zwar jene, die die stärkste Lobby und das meiste Geld haben.

Gleichgültigkeit verursacht Tierleid

Wenn es den Konsumenten nicht wichtig ist, ob ein Huhn sein Dasein im Käfig fristen muss, wird es die Industrie tunlichst vermeiden, sie darüber aufzuklären. Und ihnen das verkaufen, worauf sie in diesem Fall Wert legen: billige Eier. Argumente, weshalb ein Huhn im Käfig glücklicher ist als auf einer Wiese, gibt´s im Zweifelsfall gratis dazu. Gerne hat die Eierindustrie idyllische Bauernhofbilder auf die Eierschachteln gedruckt, um den Käufer zu täuschen. Damit der sein Gewissen gar nicht zu bemühen brauchte. Bis die ehemalige Bundesministerin für Landwirtschaft Renate Künast dieser Täuschung ein Ende gemacht hat: Heute muss auf den Packungen „Käfighaltung" stehen. Stand: 2006, bitte beachten, dass eine neue Bundesregierung das vielleicht wieder ändert. **Das ist nicht ungewöhnlich, sobald es Tiere betrifft: Was heute Recht ist, kann schon morgen nicht mehr billig genug sein.**

Längere Ketten für Sklaven?

Die Käfighaltung in der jetzigen Form wurde auch vom deutschen Bundesverfassungsgericht als Unrecht anerkannt. Hatte man doch festgestellt, dass Hühner in einem gängigen Käfig noch nicht einmal alle zur selben Zeit schlafen können. Daraufhin wurde die Käfighaltung 2005 in Deutschland verboten – mit jahrelanger Übergangsfrist, versteht sich. Doch die braucht es nun doch nicht: Im Juli 2006 hat die jetzige Bundesregierung das Verbot wieder zurückgenommen.

Natürlich unter der Bedingung, dass die Hühner einen größeren, „ausgestalteten" Käfig bekommen – man will ja nicht Entscheidungen des Bundesverfassungsgerichtes in Frage stellen, sondern allenfalls ein bisschen zum Nutzen der Industrie interpretieren.

Kein Auslauf für Hühner, keine Freiheit. Etwas größere Käfige. Von Abraham Lincoln ist bekannt, dass er die Sklaverei abgeschafft hat.

Wie würden Sie heute über Abraham Lincoln denken, wenn er nicht für die Abschaffung der Sklaverei plädiert hätte, sondern nur längere Ketten für Sklaven gefordert hätte?

„Jedenfalls sieht man, dass sie uns auch zur Hut gegeben sind, dass wir nicht mit ihnen beliebig umgehen dürfen. Auch Tiere sind Geschöpfe Gottes ... Freilich, die Art von industrieller Verwendung, indem man Gänse so züchtet, dass sie eine möglichst große Leber haben, oder Hühner so kaserniert, dass sie zu Karikauren von Tieren werden, diese Degradierung der Lebendigen zur Ware scheint mir tatsächlich dem Zueinander von Mensch und Tier zu widersprechen...“.

Papst Benedikt XVI, 2002 (noch als Kardinal), zu Tierrechten

Tierschutz ist immer erst übermorgen

Sie rasen wieder mit dem Auto durch die 30-Zone, wie zuvor, im Beispiel zum Tierschutzgesetz.

Sie werden wohlverdient geblitzt. Können Sie sich vorstellen, dass der Polizist sagt: „Die nächsten fünf Jahre dürfen Sie noch durch die 30-Zone rasen, aber nach den fünf Jahren müssen Sie dann 30 fahren..."? Sicher nicht.

Ganz anders beim Vollzug des Tierschutzgesetzes: Wenn Gerichte in den neunziger Jahren feststellen, dass zum Beispiel die Anbindehaltung von Schweinen gegen das Gesetz verstößt, heißt das noch lange nicht, dass Schweine sofort von der Kette dürfen.

Aus dem Tierschutzbericht der Bundesregierung 1999: *„Die Schweinehaltungsverordnung enthält ...* ***ein Verbot der Halsanbindung; ab 1996 (für bestehende Ställe ab 2006)*** *wird jegliche Form der Anbindung verboten."*

Das heißt, Generationen von Tieren mussten noch leiden, auch wenn das, was mit ihnen geschah, schon immer gegen das Gesetz war. Und im Fall der Schweine für jeden Landwirt leicht zu ändern. Können Sie sich vorstellen, was es bedeutet, monatelang mit einem Gurt um den Leib auf einem Betonboden festgeschnallt zu sein und die Wand anzustarren? Zum Glück wohl nicht. Es ist einfach unfassbar, dass Menschen zu so etwas fähig sind. Aber Tierschutz ist eben immer erst übermorgen. Auch die Vernichtung von jährlich 40 Millionen Küken aus wirtschaftlichen Gründen hält die Bundesregierung für „ethisch bedenklich". Das Tierschutzgesetz deckt die Vernichtung nicht ab. *„Um diese unbefriedigende Situation zu ändern, hat das BML ein Forschungsvorhaben in Auftrag gegeben."*

Von Individuen und Massenware: Der Politiker und das Huhn

Was würde ein Minister antworten, wenn ihm gesagt würde: „Sie bekommen für die nächsten vier Jahre leider kein Gehalt, aber ihr Nachfolger, der wird es besser haben". Vermutlich: „Davon habe *ich* doch nichts...". Denn: Er sieht sich als Individuum, das zwar in seiner Funktion als Minister austauschbar ist, aber doch nicht als Person. Als Lebewesen. Tatsache ist aber, dass ein Huhn, das jetzt im Käfig leidet, auch nichts davon hat, dass es spätere Hühnergenerationen vielleicht einmal besser haben werden. Wenn irgendwann, in ferner Zukunft, das Gesetz schließlich beachtet werden muss, weil keiner mehr einen finanziellen Schaden davon hat.

Tierschinderei: Heute gesellschaftsfähig - morgen falsch?

Abgesehen von Grundwerten unterliegt das Bewusstsein der Menschen einem steten Wandel. Immer wieder wird neu beurteilt, was gesellschaftskonform ist und was *gesellschaftsunfähig*. Oft ist das ein langwieriger Prozess, in kleinen Schritten.

Im Tierschutzbericht der Bundesregierung begründet man damit auch die unklare Regelung, was denn nun ein vernünftiger Grund ist, Tieren Schaden zuzufügen: *„Zudem kann durch die of-*

fenen Tatbestandsformulierung das Tierschutzrecht durch Auslegung und Rechtssprechung weiterentwickelt und gesellschaftlichen Gegebenheiten angepasst werden, ohne dass eine Gesetzesänderung erforderlich wäre." (Tierschutzbericht, 1999, S. 52)

Unser Verhältnis den Tieren gegenüber ist nicht mehr dasselbe, wie noch vor einigen Jahren. Froschschenkel und Schildkrötensuppe stehen kaum mehr auf einer Speisekarte. Auch Vegetarier sind seit einigen Jahren keine Sonderlinge mehr. Vieles ist der Tatsache zu verdanken, dass auch der Gesundheit gut tut, was Tieren nicht schadet.

Bilder von Tierquälerei im Fernsehen zu zeigen, verstößt gegen die guten Sitten und den Anstand

Vor vielen Jahren, als ich die ersten Filme über Schlachthöfe und Tiertransporte gemacht habe, galt es als „unethisch", schlimme Bilder vom Umgang mit Tieren im Fernsehen zu zeigen. Die Mehrheit war der Ansicht, solche *Bilder* seien nicht zumutbar. Ob es für *Tiere* zumutbar ist, so behandelt zu werden, war nicht Gegenstand der Diskussion.

Das Bundesministerium für Ernährung hat bestätigt, dass es sich nicht etwa um Effekthascherei gehandelt hat, sondern: „Der Film zeigt die Realität auf deutschen Schlachthöfen".

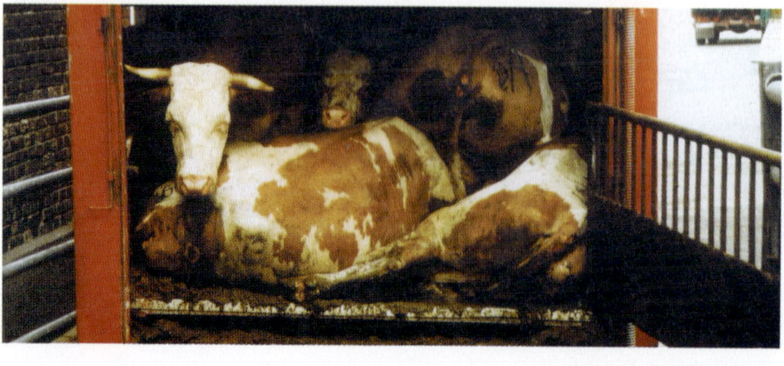

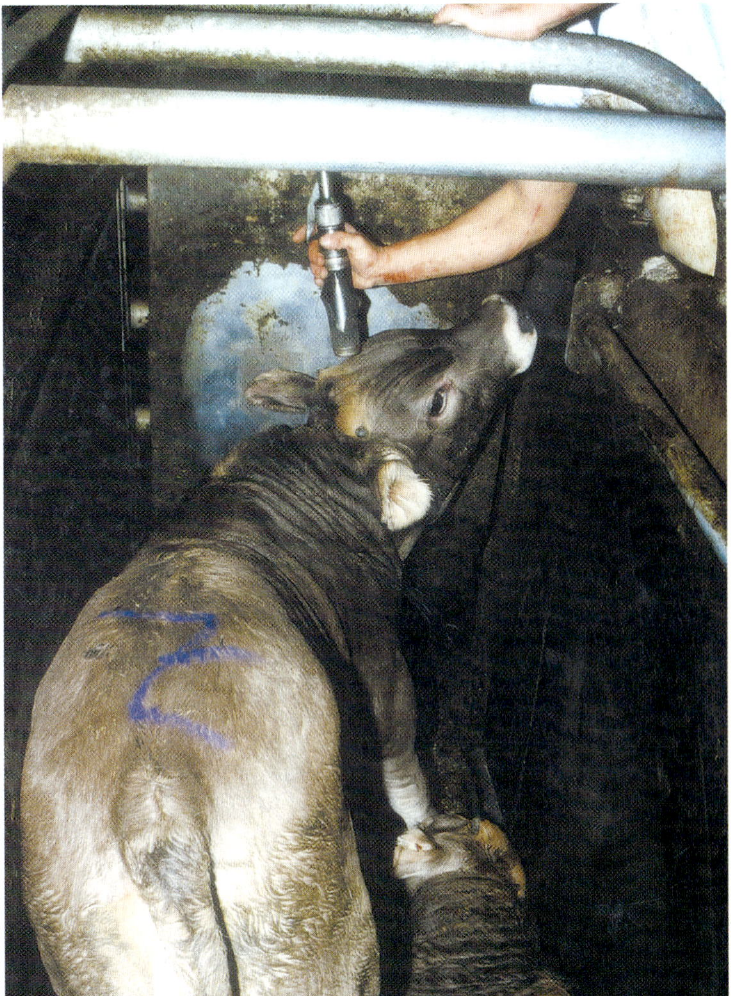

Der Schrei aus dem Schlachthof, BR 1989, ZDF 1990
Unzumutbar? Für wen?

Die Bildzeitung ist mitunter ein guter Indikator für Stimmungen. Innerhalb nur weniger Jahre können sich die grundlegend ändern, das Bewusstsein ein anderes werden:

Kritik auf der Titelseite der BILD 1990:
„Warum werden im ZDF dauernd Schweine geschlachtet? Gestern Abend, 21 Uhr, blieb vielen ZDF-Zuschauern das Wurstbrot im Halse stecken: Das Blut spritzte in 4,5 Millionen deutsche Wohnzimmer". Hinten noch ein Kasten:

„Das ZDF hat gegen folgende Regeln verstoßen: Sitte und Anstand, Jugendschutz"

Anders die Kritik 1996: „Fernsehfilm über Tiertransporte wühlt ganz Deutschland auf". Alle sind sich einig: Das kann so nicht hingenommen werden. Dem Film wurde die Goldene Nymphe in Monte Carlo zuteil, die Goldene Kamera wurde verliehen.

„Lizenz zum Quälen – Steuergelder für Knochenbrecher"
ZDF Frontal Spezial, 1996

Bei Gelegenheit werde ich drauf achten...

Der Zeitgeist ändert sich und mit ihm das Bewusstsein.

Wir müssen uns fragen: *Wann* wollen *wir* anfangen, Verantwortung zu übernehmen? Für unseren Lebensbereich. Unsere Kleidung, „unser“ Schwein, „unser“ Huhn und „unsere“ Pute.

Verbesserungen für Tiere, ja sogar neue rechtliche Grundlagen sind immer ein Ergebnis daraus, dass Menschen mit bestehenden Umständen nicht einverstanden waren und das auch auf irgendeine Weise deutlich gemacht haben. Am einfachsten geht das über das Konsum- und Kaufverhalten und über Briefe.

„Das wird ja sowieso geschlachtet...“

Auf einer Transportverladestation in Südpolen habe ich 1991 ein Pferd in einem LKW gefilmt, das sich die Vorderbeine gebrochen hatte. Warum, um alles in der Welt, habe ich den Veterinär gefragt, schicken sie dieses Tier noch zweitausend Kilometer weiter bis nach Italien? „Es wird ja sowieso geschlachtet“, antwortete der Tierarzt lapidar.

Es gibt keinen anderen Gedanken, der in solchem Maß Tierleid verursacht. Dabei ist der Satz absurd. So absurd, als würden wir einem unheilbar kranken Menschen die medizinische Hilfe versagen, mit der Begründung: „Der stirbt ja sowieso bald...“.

Auch kein Tier wird „sowieso geschlachtet“. Ein Supermarkt bestellt Puten für die Tiefkühltruhe nach, wenn so viele verkauft worden sind, dass nachbestellt werden muss. Und zwar von der Preisklasse, die gekauft worden ist. Ein Restaurant bestellt Grillhähnchen nach, wenn genug Leute eines gegessen haben. Ein Bekleidungsgeschäft bestellt die Jacken mit Pelzkragen nach, wenn sie sich gut verkauft haben, denn offenbar möchten die Kunden solche

Jacken. Und wenn die Kunden das nicht kaufen – **dann wird der Satz „wenn das alle machen würden…" für die Tierwelt zur erlösenden Vision.**

Unser täglich Fleisch?

Zugegeben, es ist in diesem Teil des Buches viel von Hühnern und Fleisch die Rede. Es ist keineswegs meine Absicht, sie zum Vegetarismus zu drängen – das sind Entscheidungen, die nur jede(r) selbst treffen kann. Die Frage ist vielmehr: Muss es immer Fleisch sein? Überall? Ganz egal, wo es herkommt? Der *massen*hafte Konsum von Fleisch ist einer der Hauptgründe für die tagtägliche, *massen*hafte Tierquälerei in Ställen, auf Transporten und in Schlachthöfen.

Bedenken Sie bitte, dass *jede Art* von Fleisch, Fisch und anderen tierischen „Produkten" *überall* und *immer* verfügbar sein muss.

Das Karussell des Todes

Ein regelrechter Kreislauf von Leiden und Tod auf der einen Seite und gedankenlosem Konsum auf der anderen Seite hat sich entwickelt. Wir halten dieses Karussell am Laufen. Doch es steht uns frei, uns zumindest hier und da aus diesem Kreislauf auszuklinken.

Ursache und Wirkung

Alles was wir tun oder lassen, hat eine Auswirkung auf uns und andere. Was unsere Lebensgewohnheiten betrifft, so hat manches von dem, was wir tun, eine verheerende Auswirkung auf das Leben unserer Mitgeschöpfe, der Tiere. Natürlich beabsichtigen wir das nicht. In der Regel kommen wir allerdings gar nicht erst auf die Idee, über manche unserer *ganz normalen* Gewohnheiten nachzudenken. Die Entscheidung ist immer, *ob* wir ein tierisches Produkt kaufen und wenn ja, *welches*. Denn wenn die Entscheidung für den Kauf eines Hähnchens fällt, ist es immer noch besser, wenigstens eines aus Freilandhaltung zu kaufen. Hier gilt tatsächlich: Ein bisschen Tierschutz ist immer noch besser als gar keiner. Das Hähnchen hat wenigstens Auslauf gehabt und länger gelebt - und das nachbestellt wird, auch. Ihr Geld erhält in diesem Fall ein Landwirt, der die Tiere möglichst artgerecht hält. Sie erteilen ihm durch ihre Wahl den Auftrag, auch das Tier, das nachbestellt wird, so zu halten. *Es ist IHR Hähnchen, das jemand für Sie großzieht!*

Was tun?

Ja, was tun? Oder besser gesagt: **Was bleiben lassen? Wenn Tierschutz ein Gedanke ist, so beginnt er im Kopf des Einzelnen, und der oder die Einzelne hat die Macht, für sich - und damit für die Tiere - etwas zu verändern. Ganz einfach, ohne viel Mühe, und ohne Verzicht.**

WAS KANN ICH ÄNDERN?

Um Ihnen eine Hilfestellung zu geben, möchte ich Ihnen anhand eines möglichen Schemas zeigen, dass Tierschutz einfach ist.

Tierschutz ist einfach

1) Sich informieren.

Um sich entscheiden zu können, müssen Sie erst einmal Bescheid wissen. Den Mut dazu aufbringen, vom Leben unserer Tiere zu erfahren und auch wissen, wo und wie man sich informieren kann. Ein Beispiel, das nichts mit Ernährung zu tun hat: Nur wenn Sie sich vor der Anschaffung eines Haustieres darüber informieren, welche Bedürfnisse dieses Tier tatsächlich hat, können Sie beurteilen, ob Sie mit dem Tier glücklich werden und das Tier mit Ihnen.

2) Dran denken.

Tierschutz ist ein Gedanke. Wenn sie wissen, wie sie Tierleid auf einfache Weise vermeiden können, müssen Sie nur in der entsprechenden Situation, etwa wenn Sie tierische Produkte kaufen, kurz nachdenken, bevor Sie handeln. Mit der Zeit wird Ihnen immer mehr auffallen, was Sie vorher übersehen haben.

3) Bleiben lassen

In der Mehrzahl der Fälle bedeutet Tierschutz, etwas bleiben zu lassen. Das muss nicht unbedingt Verzicht bedeuten, sondern kann auch durch „Ersetzen" geschehen. Beispielsweise: Eier aus der Käfighaltung nicht zu kaufen und sie stattdessen durch Eier aus Freilandhaltung zu ersetzen. Eine Jacke mit Pelzbesatz nicht zu kaufen, sondern eine ohne Pelz. Für das Auto keine „Lederausstattung" zu bestellen.

4) Tun

Manchmal genügt es nicht, „gegen etwas zu sein" oder etwas bleiben zu lassen. Etwas zu tun bedeutet im Tierschutz: Seine Meinung zu vertreten, helfend einzugreifen, um etwas zu verhindern, wenn das notwendig ist. Zu Handeln, wenn es das Wohl der Tiere erfordert. Dazu gehört manchmal Mut. Etwas zu „Tun" ist im Einzelfall wichtig und bringt zugleich oft andere Menschen zum Nachdenken. Vielleicht sind Sie manchmal überrascht darüber, dass andere Menschen Sie sogar mehr schätzen, wenn Sie sich für ein Tier einsetzen.

5) Sich engagieren

Wenn man sich mit dem Leben unserer Tiere beschäftigt, entsteht mitunter das Bedürfnis, für diese Tiere etwas über den eigenen Bereich hinaus zu tun. Wer das möchte und kann, hat die Möglichkeit, sich für Tierschutz oder Tierrechte zu engagieren. Das beginnt im Kleinen, wenn Sie den Mut aufbringen, auch einmal außerhalb ihres persönlichen Bereiches Fragen zu stellen, und gegebenenfalls NEIN zu sagen. Schon damit, dass sie einer Freundin erzählen, weshalb sie sich die Jacke mit Pelzbesatz oder die Tasche aus „Echt *(Hunde?)* Leder" nicht gekauft haben.

Sie können auch Briefe schreiben, um ihre Meinung über etwas zu sagen. Das kann sehr wirkungsvoll sein.

Darüber hinaus können Sie natürlich auch die Tierrechtsbewegung unterstützen. Aktiv oder passiv durch Spenden. Sie sollten aber wissen, woran Sie eine seriöse Organisation erkennen. Wenn Sie sich aktiv einbringen möchten, durch Ihre Mitarbeit in der einen oder anderen Form, sollten Sie wissen, wo und wie Sie sich über Organisationen und Vereine informieren können, um sich auch wirklich in dem Bereich zu engagieren, der Ihnen entspricht. Sich zu engagieren kann Ihnen große Freude schenken, wenn Sie dabei einige Grundregeln beherzigen.

Der Weg zum mühelosen Tierschutz im Alltag

1. SICH INFORMIEREN

Dran denken
Bleiben lassen
Tun
Sich engagieren?

Man hat es doch nur gut gemeint mit dem Meerschweinchen

Wenn das Meerschweinchen morgens tot im Käfig liegt, hat es vielleicht einen langen Kampf hinter sich. Kindertränen fließen, dabei hat man es doch nur gut gemeint mit dem Tier. War im guten Glauben: **Ein Meerschweinchen halten kann doch jeder...** Aber das Tier hat welkes Grünzeug gefressen, und das hat es nicht vertragen. Hätte man das gewusst, wäre dem Meerschweinchen ein schmerzhafter Tod und den Kindern eine schmerzliche Erfahrung erspart geblieben. Man hätte sich vielleicht doch informieren sollen... Denn: **im Gegensatz zum Kühlschrank gibt es beim Kauf eines Meerschweinchens keine „Gebrauchsanleitung" dazu.** Zwar gibt es im Buchhandel und in den Zoogeschäften Fachbücher - doch Kleintiere werden oft nicht bewußt gekauft, sondern sind mitunter ein Geschenk der Nachbarskinder. Weil es *üblich* ist, dass Kinder Hamster, Meerschweinchen, Kaninchen oder Mäuse „haben", denkt man kaum darüber nach, dass so ein kleines Tier ebenso Bedürfnisse hat, wie ein großes. Mitunter führen diese Tiere deshalb ein sehr elendes Leben, wenn man etwas genauer hinsieht.

Oft verursachen wir Tierquälerei, ohne das zu wissen oder gar zu wollen. Tierschutz beginnt in den Gedanken, mit dem Interes-

se an Tieren, dem eine bewusste Handlung oder ein gezieltes „Bleiben lassen" folgt. Das trifft nicht nur auf die Ernährung zu, sondern auch auf die Anschaffung eines Heimtieres.

Haustiere: Tierliebe allein genügt nicht

Die Anschaffung eines Haustieres erfolgt aus unterschiedlichsten Motiven. Sicher in vielen Fällen bewusst, oft aber auch aus Mitleid mit dem Tier oder einfach den Kindern zuliebe.

Etwa 90 Millionen Heimtiere werden in Deutschland gehalten, Zierfische, Vögel, Hunde, Katzen und Kleinnager, davon etwa 4,8 Millionen Hunde und 5,5 Millionen Katzen. Dass viele Menschen sich nicht genügend über die Tiere informiert haben, ehe sie sie bei sich aufgenommen haben, beweisen Zahlen aus den Tierheimen: Etwa 140 000 Katzen werden jedes Jahr vor allem zur Urlaubszeit ausgesetzt, daneben 40 000 Hunde.

Kleine Tiere wie Hamster, Mäuse oder Meerschweinchen sterben ebenso wie Vögel meist unbemerkt in einer Wohnung, wenn sich jemand nicht ausreichend über die Bedürfnisse dieser Tiere informiert hat. Sich zum Beispiel einen Hamster gekauft hat, weil er süß und kuschelig aussieht – ohne zu bedenken, dass das Tier eigentlich am Tag schläft. Also nicht mit dem Kind spielen will, sondern ganz im Gegenteil nachts Radau im Laufrad macht, wenn das Kind schlafen sollte.

Auch ein Meerschweinchen eignet sich längst nicht in dem Maße als Spielkamerad, wie das scheint: So können zum Beispiel schon Stürze aus geringer Höhe bei diesen Tieren zum Tod führen.

Einmal ganz davon abgesehen, dass auch alle diese kleinen Tiere Zeit für die Pflege brauchen: Vom richtigen Füttern über das Ausmisten, bis hin zum Krallenschneiden und dem Besuch beim Tierarzt. Der kostet Zeit und Geld, ob beim Hamster oder wenn es um das Impfen von Hund und Katze geht. Wer sich ein Tier anschafft, übernimmt dafür Verantwortung. Oft für viele Jahre. Bei mancher

Tierart für mehr Jahre, als man vorher dachte. Es gilt daher, sich im Vorfeld verschieden Fragen zu stellen:

- Weshalb möchte ich mir ein Tier anschaffen?
- Habe ich mir das gründlich genug überlegt?
- Welche Tierart kommt in Frage?
- Passen die Bedürfnisse und Lebensgewohnheiten des Tieres zu unseren Lebensumständen?
- Darf ich das Tier überhaupt halten, wo ich wohne?
- Wie alt wird so ein Tier?
- Kann ich mir die Versorgung des Tieres leisten, habe ich Ausgaben wie Hundesteuer und Tierarzt dabei bedacht?
- Wer sorgt für mein Tier, wenn ich in Urlaub fahre?
- Bei der Auswahl des neuen Hausgenossen: Ist mir das Tier sympathisch? Kommt es mit mir zurecht?

Sich zu informieren ist hier notwendig, im Interesse des Tieres, und auch im eigenen Interesse.

Broschüren zu den Bedürfnissen von Haustieren erhalten Sie kostenlos beim Deutschen Tierschutzbund e.V., Baumschulallee 15, 53115 Bonn, www.tierschutzbund.de , Telefon: 0228 – 604 96-0

Hier können Sie Ihren Hund oder Ihre Katze übrigens auch registrieren lassen, um es wieder zu finden, wenn es abhanden kommt. Das Stichwort ist „Haustierregister", das Service-Telefon 01805 - 23 14 14 ist rund um die Uhr erreichbar (kostenpflichtig). Für die dazugehörige Tätowierung im Ohr oder das Einpflanzen eines Mikrochips ist ihr Tierarzt Ansprechpartner.

Hundetransport vom Züchter in Belgien nach Deutschland

Wenn Sie sich ganz bewusst für die Anschaffung eines Haustieres entschieden haben, nachdem Sie sich über dessen Bedürfnisse informiert haben, bleibt die Entscheidung: Wo kaufen wir das Tier?

Denn wiederum setzen Sie ein Signal, wie auch beim Kauf von Nahrungsmitteln. Möchten Sie einen Hundezüchter unterstützen? Oder beim Kauf eines Meerschweinchens den Zoohandel, der die Tiere oft auf Vorrat hält? Oder aber einem Tier ein Zuhause geben, ohne die „Massenproduktion" von Heimtieren, die es leider gibt, zu fördern?

Informieren Sie sich über die Tiere, die abzugeben sind: In der Zeitung, im Anzeigenblatt - und vor allem auch im örtlichen Tierheim. Denn das ist der kleine, aber feine Unterschied: Wenn Sie einfach ein Meerschweinchen oder auch eine Katze oder einen Hund kaufen, unterstützen Sie die oft fragwürdige Zucht von Haustieren. Wenn Sie dagegen einem Tier aus dem Tierheim ein neues Zuhause geben, ist das praktischer Tierschutz.

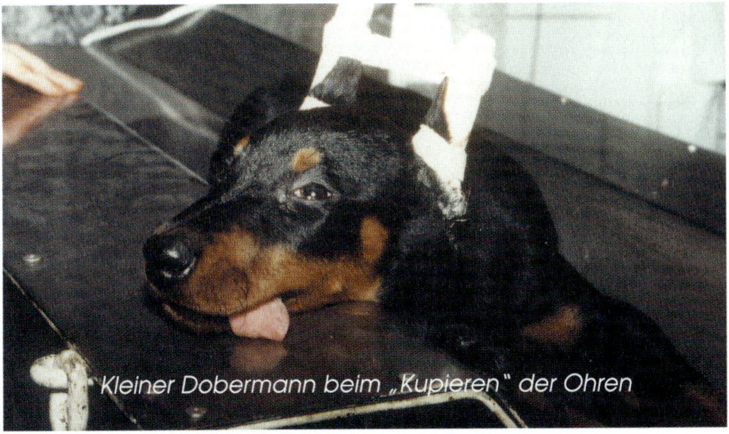

Kleiner Dobermann beim „Kupieren" der Ohren

Millionen Menschen haben Tiere zuhause. Aber auch wenn nicht: Wir alle kommen tagtäglich mit tierischen Produkten in Kontakt. Nutzen sie als Nahrung, Kosmetik, Kleidung oder durch Gebrauchsgegenstände. Zuhause, auf der Straße, im Urlaub. Wenn Sie Ihre Augen und Ihr Herz öffnen, werden Sie staunen, mit wie vielen tierischen Produkten wir tatsächlich jeden Tag in Berührung kommen.

Man hat sich nichts dabei gedacht...

„Der Mensch ist ein Gewohnheitstier", sagt man. Vieles von dem, was wir tun, kaufen und konsumieren ist, wie Sie wissen, nur Gewohnheit. Aber gerade über diese Dinge denken wir oft gar nicht mehr nach. Kommen daher natürlich auch nicht auf die Idee, uns einmal näher darüber zu informieren. Wir alle halten uns für relativ harmlos. Konsumieren und kaufen unbedacht. Und verursachen damit Tierleid, von dem wir noch nicht einmal etwas wissen.

Ein (übertriebenes) Beispiel aus einem fiktiven Alltag kann vielleicht verdeutlichen, dass wir bei vielem gar nicht auf die Idee kommen, uns zu informieren.

Der harmlose Mensch?
Beispiel eines möglichen Tagesablaufes:

(„Achtung! Lebende Tiere!" ZDF 1993)

7 Uhr: Aufstehen aus dem Bett.
Gefüllt mit Gänsedaunen?

7.05: Duschen.
Seife im Tierversuch auf Hautverträglichkeit getestet?
Schminken. Pickelcreme und Haarspray.
An Kaninchenaugen getestet?
Etwas Parfum.
Wurden Meerschweinchen unter der Höhensonne verbrannt, um die Wirkung der Sonne auf das Parfum zu testen?
Hose anziehen, der Gürtel aus *Leder* hält sie oben.
Was für Leder ist das eigentlich?
Rind? Lamm? Hund? Katze?

8.00 Frühstück. 4 Scheiben *Wurst*, vom Schwein, *Milch* zum Kaffee, *Butter, Käse, Honig*, ein weich gekochtes *Ei. Aus Käfighaltung?*
Kapseln einnehmen. *An Tieren getestet?*
Mit Gelatineüberzug. Kriegt man davon eigentlich auch BSE?

8.30 *Leder*schuhe anziehen. *Leder*jacke anziehen. Oder doch die *Daunen*jacke (gefüllt mit irgendwelchen Federn), es ist kalt heute.
Was ist das eigentlich für ein Pelzbesatz an der Kapuze? Kunstpelz? *Leder*handschuhe anziehen. *Aus was für Leder sind die eigentlich? Und warum färben die blau ab, wenn sie nass werden?*

8.33 Handtasche mitnehmen. *Aus was für Leder ist die eigentlich? „Echt Leder" stand ja dran.*

8.37 Blick auf den Hamsterkäfig. *Die Kinder wollten das Tier, jetzt kann ich mich heute Abend noch drum kümmern..*

In der Garage: *Käfer* zertreten. *Was hat der auch hier zu suchen?*

Ins Auto: *Leder*sitze. Das hat Stil. *Von welchem Tier sind die eigentlich?*

8.52 Katze liegt auf der Straße. *Hat das Tier an der Straße jetzt noch gelebt oder nicht?*

Wer weiß. Hab sie ja nicht überfahren. Außerdem ist viel Verkehr, da kann man hier doch nicht anhalten. Ich muss um neun im Büro ein. Die war sicher tot. Sonst wird sich sicher jemand drum kümmern.

9.00 Im Büro. Auf einem *Leder*sessel. Haben heute längst nicht mehr bloß die Chefs.

Aus was für Leder ist der eigentlich?

10.30 Kaffeepause: *Wurstsemmel* von der Pute (wegen der Kalorien).

Ist ein Truthahn eigentlich dasselbe…?

12.00 Mittagessen: *Rindskraftbrühe, Hähnchenbrust.*

17.15 Wieder zu Hause. Kleiner Imbiss mit *Wurst*aufschnitt, von verschiedenen Tieren.

Auch der Hund kriegt ein Stück Wurst. *Woher soll ich denn wissen, dass Schweinefleisch für ihn gefährlich sein kann? Oder die Wurstpelle.*

War der eigentlich richtig draußen heute?

20.30 Pizza mit *Salami* beim Italiener um die Ecke.

Haben die Kinder eigentlich den Hamster versorgt, ehe sie ins Bett sind? Vermutlich.

21.50 Wieder zuhause. *Schau an, jetzt ist das Tier wach, wenn die Kinder im Bett sind. Hätten doch besser ein Meerschweinchen gekauft.*

22.00 Noch auf die *Leder*garnitur lümmeln *(aus was für ...)*, Nachrichten schauen.

22.15 Magazinbericht über Gänserupfen wegschalten. *Das regt einen bloß auf, wenn man sieht, wie diese Profitgeier mit Tieren umgehen!*

23.00 Nach dem Krimi ab ins - *Gänsedaunenbett*. *Die Daunen werden wohl sowieso bei der Schlachtung anfallen...*

23.10 An was Angenehmes denken. Vorfreude auf den anstehenden Urlaub in Spanien. Da wird mal ausgespannt.
Nicht vergessen, einen Kescher für den Jungen zu besorgen, damit er Fische und Krebse fangen kann. Das haben alle Jungs dort, außerdem ist er dann beschäftigt. Aber baden allein ... vielleicht sehen wir uns mal ein bisschen Kultur an, Kirchen in Cordoba, oder den Stierkampf in Sevilla ... und gegessen wird da ... ist schliesslich Vollpension...

23.20 Schlafen. Bis zum nächsten harmlosen Tag.

Wäre da der Gedanke an das Tier hinter dem Produkt

Die meiste Quälerei, an der wir uns zu Mitschuldigen machen lassen oder die wir verursachen, ohne das zu wissen und zu wollen, *ließe sich einfach vermeiden.* Wenn wir „davon" wüssten - wir würden oft etwas einfach *bleiben lassen* oder eine Kaufentscheidung zugunsten der Tiere treffen, *ohne dass das mit irgendeiner Art von Verzicht verbunden wäre.* **Es bedeutet viel mehr: bewusst zu kaufen und gegebenenfalls zu *„ersetzen"*. Man muss dazu nur wissen was und wie.**

Im Hinblick auf die Ernährung ist es sogar wichtig, nicht nur zu verzichten, sondern zu ersetzen: um eine ausgewogene Nahrung zu sich zu nehmen.

Wenn Sie beim Einkauf eine **Entscheidung zugunsten der Tiere** treffen möchten, müssen Sie über einige Grundinformationen verfügen. Um sich zum Beispiel gegen Eier aus Käfighaltung zu entscheiden, müssen Sie erst mal wissen, was das ist, was die Alternativen sind, und woran man welche Eier erkennt. Denn unbedachte Käufe verursachen Tierleid.

Am Beispiel der Eier: Seit noch nicht allzu langer Zeit sind alle Eier gekennzeichnet. Zuerst mit einer Zahl: 0, 1, 2 oder 3:

0 = Biohaltung
1 = Freilandhaltung
2 = Bodenhaltung
3 = Käfighaltung.

Die zwei Buchstaben dahinter sagen Ihnen das Herkunftsland. DE zum Beispiel bedeutet Deutschland.

Mit den weiteren Angaben lässt sich das Ei bis zum Hof, auf dem die Henne (Ihre Henne) lebt, zurückverfolgen.

Sie entscheiden also beim Kauf, wie IHR Huhn lebt.

(Ein einfacher Merkvers: 3 ist Tierquälerei...)

Nur in der Schweiz sind übrigens auch Fertigprodukte wie Nudeln gekennzeichnet. Wenn in Deutschland nichts darauf steht, können sie getrost vom billigsten Ei aus der schlechtesten Haltung ausgehen.

Natürlich kann ich Ihnen im Rahmen dieses Buches nur Anhaltspunkte geben und etwas **Grundwissen** vermitteln. Ich bin aber überzeugt davon, dass es Ihnen und den Tieren viel nützen kann, wenn Sie die **eine oder andere Information in die Praxis umsetzen, schon, indem Sie den Gedanken an die Tiere zulassen und in sich tragen.**

Sicher gibt es im Schema „Tierschutz ist einfach" auch Vorschläge, die auf Ihren Lebensbereich passen.

Sich weiter informieren

Neben Fachbüchern und Fachzeitschriften ist die wichtigste und schnellste Quelle für gezielte Information heute natürlich das Internet – wenn Sie wissen, wonach und wo Sie suchen können. Weitere, gängige Informationsquellen sind:

1. Medien und Internetarchive
2. Informationsmaterial von Firmen, die Tiere „nutzen" und tierische Produkte verkaufen
3. Informationsmaterial der Bundesregierung
4. Informationen der Tierschutz- und Tierrechtsverbände
5. Die Möglichkeit, sich vor Ort selbst kundig zu machen

Medienberichte sind deshalb interessant um sich zu informieren, weil die Fakten, die ein Fernsehsender ausstrahlt, in aller Regel vor einer Sendung durch einen Justitiar auf ihre Richtigkeit hin überprüft worden sind. So, wie auch Artikel von Magazinen wie „SPIEGEL" oder „STERN" oder anderen seriösen Zeitschriften und Zeitungen. Deshalb die Empfehlung: Nutzen Sie die Angebote der Medien, sowohl direkt als auch über deren Archive. Die Informationen sind in der Regel ausgewogener, als jene, die Interessensgruppen anbieten.

Wichtig ist immer, eine *objektive* Information zu erhalten, damit Sie sich eine Meinung bilden können.

1. Medien: „Paradiese der Tiere“

Solche Sendung verzeichnen in aller Regel hohe Einschaltquoten und auch entsprechende Tiermagazine, die es am Kiosk zu kaufen gibt, werden gern gelesen. Diese Zeitschriften bieten übrigens meistens neben schönen Bildern auch praktische Tipps für den Umgang mit Haustieren. Wir sollten die Freude der Menschen an schönen Tierbildern auch gar nicht schmälern: Es gibt viel Wunderbares in der Tierwelt, und auch das Anschauen der Schönheit von Tieren kann mehr Respekt vor unseren Mitgeschöpfen zur Folge haben.

Wenn Sie sich allerdings über den alltäglichen Umgang des Menschen mit dem Tier informieren möchten, sollten Sie vor kritischen Sendungen und Berichten nicht die Augen verschließen, auch wenn es schwer fällt. Leider wird meistens nur über Skandale berichtet – und nicht über den Alltag von Tieren.

Die Medien zeigen nur Bruchstücke dessen, was wirklich mit Tieren geschieht.

Vom alltäglichen Tierleid in Legebatterien, Mastställen oder auf Schlachthöfen erfahren Sie selten. Oder können Sie sich vorstellen, dass ein Sender in den Nachrichten meldet: „Heute wurden 300 000 Hühner nach fünfzehn Monaten aus den Käfigen gezerrt, und ins Schlachthaus gekarrt. Zahlreiche Tiere wurden dabei verletzt, Menschen kamen nicht zu Schaden“? Eher unwahrscheinlich.

Kritische Tierberichte: „Die zeigen eh immer nur die schlimmsten Bilder...“

So rechtfertigen sich in der Regel jene, die für das verantwortlich sind, was auf „schlimmen“ Bildern zu sehen ist. Hängt in einem Film über Tiertransporte ein Rind mit gebrochenen Beinen an einem Kran, so versäumen es die Übeltäter nie, darauf hinzuweisen, das sei die Ausnahme.

Dass die Qual für das betroffene Tier dadurch nicht geringer wird, erwähnen sie natürlich nicht. Sie belassen es bei der Behauptung, „die Presse" würde immer die schlimmsten Szenen auswählen. Tatsache ist aber, dass die meisten Medien genau das nicht tun, um ihre Zuschauer und Leser nicht zu vergraulen.

Effekthascherei?

Damit Sie als Zuschauer oder Leser allerdings nicht der einen oder anderen Form von „Effekthascherei" und damit Falschinformation unterliegen, sollten Sie kritische Tierberichte so kritisch betrachten, wie andere Sendungen auch. Wurde ordentlich recherchiert oder werden schlimme Bilder nur benutzt, um die Zuschauer aufzuregen?

Die Verantwortung der Medien

Medienleuten kommt bei kritischer Berichterstattung über den Umgang mit Tieren eine besondere Verantwortung zu: Zum einen bei der Übermittlung von Informationen, zum anderen schon im Vorfeld, bei der Beschaffung von Informationen und Bildern. Weil eben die Berichterstattung über Tiere Lebewesen betrifft, nicht Sachen.

Kritische Tierberichterstattung

Das Abbilden von Tierquälerei erfordert sehr viel Fingerspitzengefühl. Dass dabei nie zum Nachteil eines Tieres gehandelt werden darf, ist selbstverständlich. Oft wird nach Fernsehsendungen gefragt, wie es eigentlich möglich ist, Tierquälerei zu dokumentieren. Ich möchte deshalb denen, die es interessiert, etwas darüber erzählen, wie meine Filme entstehen, und was ich mir dabei denke.

Eine Gratwanderung der Seele

Der Status des Beobachters ist eine Gratwanderung der Seele. Denn in einen Vorgang der Tierquälerei zum Wohl der Kreatur einzugreifen, ist nicht immer möglich. Nicht, wenn Menschen sich an abscheulichen Hundekämpfen ergötzen und dabei heimlich gefilmt wird, und auch nicht bei Tierquälerei im großen Maßstab, wie Sie bei Tiertransporten oder auf Schlachthöfen manchmal zu beobachten ist. Greift ein Beobachter mit der Kamera hier in Abläufe ein, so nützt er oft nicht dem Tier, sondern wird gezwungen, den Ort des Geschehens zu verlassen, ja, die Tiere dort in ihrer Not allein zu lassen. Die Quälerei geht weiter. Ohne, dass eine Kamera Zeuge der Untaten wird. Die Öffentlichkeit kann die Tierquälerei nicht unterbinden, weil Sie gar nichts davon erfährt.

Ein Journalist *muss* beurteilen können, ob und wann er zum Wohl eines Tieres eingreifen kann und muss.

Tierschutz-Reportagen:
Das Gewissen ist die letzte Instanz

1998: Dreharbeiten bei Hundeschlachtungen im Nordosten Thailands. Tausende von Hunden werden hier jede Nacht wegen ihres Fleisches und auch wegen ihrer Haut, die zu Leder verarbeitet und exportiert wird, getötet.

Jede Nacht, zwischen Mitternacht und Morgen, nimmt das grausige Geschäft seinen Lauf: An geheimen Orten, weit draußen vor der Stadt, denn die Schlachtungen sind illegal. Unter einem Vorwand haben wir uns in ein solches Schlachthaus eingeschlichen. Kurz vor Mitternacht treffen wir nach langer Fahrt durch eine dunkle Einöde dort ein. Die Schlachter untersuchen genau, was wir mitbringen, um sicherzustellen, dass kein Fotoapparat und keine Kamera im Gepäck sind - man hatte schon mal Ärger mit der Polizei. Wir sind nur zu zweit - und: Wir haben Angst. Angst, diese verrohten Leute könnten uns enttarnen.

Die Atmosphäre des Misstrauens blieb in der Luft. Die ganze Nacht lang. Aber wir konnten heimlich das Quälen und Niedermetzeln der Hunde zu filmen. Zumindest ein Tier, so beschlossen wir, werden wir versuchen mitzunehmen. Unter zahlreichen Vorwänden ist es uns denn auch gelungen, einen Hund Minuten vor seinem geplanten Tod zu kaufen. Der kleine schwarze Hund war wohl einem Kind gestohlen worden: Er trug ein Halsband mit einem herzförmigen Anhänger und der Aufschrift „Love" um den Hals. In Thailand sind Hunde Haustiere, ähnlich wie bei uns.

Leder für Europa

Als gegen Morgen die endlos scheinende Nacht - und das blutige Gemetzel - endlich zu Ende waren, lebte nur noch der kleine schwarze Hund. Alle anderen waren bereits gehäutet, die Häute gestapelt für den Großhandel. Etwa tausend Hunde mussten in dieser Gegend in dieser Nacht ihr Leben lassen. Wer weiß, ob das Hundeleder nicht im gleichen Flugzeug wie wir zurück nach Europa fliegen wird: Deklariert als „Lamm" - Leder oder einfach nur mit dem Label: „Echt Leder".

Wir waren froh, dass es uns gelungen war, diese Nacht des Schreckens zu dokumentieren. Denn auf den Film hin hat die thailändische Regierung ein Maßnahmenpaket gegen diese Tierquälerei beschlossen.

Und wir waren froh, dass wir den kleinen Hund mitnehmen konnten. Er lebt heute bei einem Freund von uns in Thailand und spielt mit dessen Kindern.

Es bleibt die Erinnerung an das Grauen. Die Frage: Vielleicht hätten sie uns den kleinen Bobtail, der so entsetzlich leiden musste, ja auch noch verkauft...

Was geht mich das an?

Ja, warum erzähle ich Ihnen das? Zum einen, weil dieses Buch (hoffentlich) auch Kollegen aus den Medien lesen. Und weil viele Zuschauer nach Sendungen schreiben: Warum stehen Sie daneben? Wieso greifen Sie nicht ein? Manchmal lassen Zuschauer per Anzeige durch die Staatsanwaltschaft prüfen, wieso eine gezeigte Tierquälerei nicht unterbunden wurde. Das ist auch in Ordnung so. Sollten Sie das Gefühl haben, ein Berichterstatter habe sich nicht korrekt verhalten, zögern sie nicht, bei der Redaktion nachzufragen: Wie ist dieses Bild oder jene Szene zustande gekommen? Kollegen aus den Medien möchte ich an dieser Stelle raten, sich bei Bildern aus zweiter Hand immer detailliert über die Herkunft und das Zustandekommen zu informieren. Im Interesse der Tiere, wie im eigenen.

Einige der Tiere, die bei Dreharbeiten mitgenommen wurden:

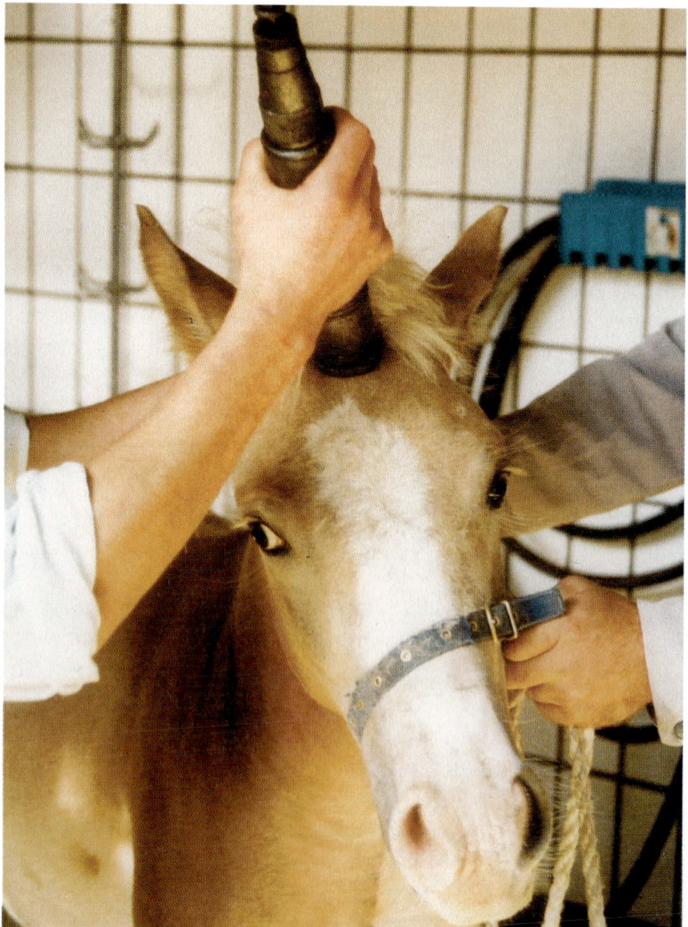

Fohlen „Andy" im Schlachthof: Der Autor hat das damals sechs Monate alte Tier gekauft, es lebt seit 11 Jahren bei animalNetwork.

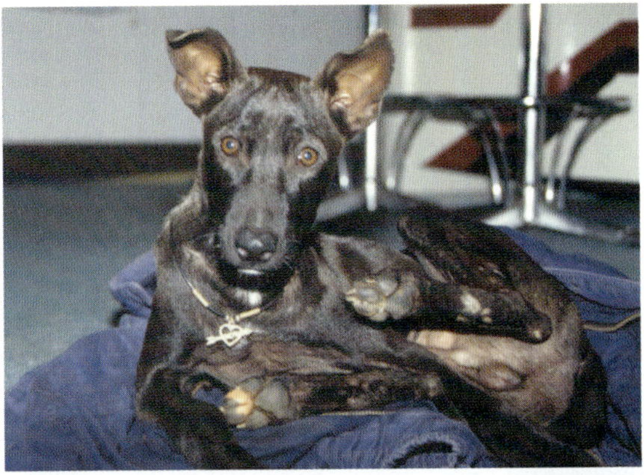

„Stup" überlebte als einziger das Massaker in Thailand

„Kampfhund" Rosi: lebte sieben Jahre beim Autor

Katzen „Mati" aus Sri Lanka und „Gismo" aus Spanien. Gismo wurde bei Dreharbeiten zum Stierkampf gefunden. Sie leben seit Jahren bei Animal-Network

16 Enten aus dem Schlachthof. Sie leben bei „Pro Animale"

Medien: Auch das Internet nutzen

Medien bieten heute in der Regel ihre Sendungen und Artikel auch über ihre Homepage an.

Kater Benny vermisst: Gezielt suchen

Insbesondere, wenn Sie sich nicht allgemein informieren möchten, sondern speziell zu einem Thema, bieten sich aktuelle Medienarchive an.

Ein Beispiel: Ihre Katze ist verschwunden. Sie rufen im Tierheim an, beim Haustierregister, bei der Polizei, der Straßenmeisterei, sie suchen selbst. Alles bleibt ohne Erfolg: Das Tier ist spurlos verschwunden. Gestohlen, so nehmen die meisten dann an, leben in Ungewissheit, können das Schicksal ihres Tieres nie aufklären. Ein Blick ins Fernseharchiv, um sich zu informieren, könnte aber Hinweise geben: In diesem Fall der Film „Kater Benny vermisst", den wir am 4. Oktober 2005 im ZDF gezeigt haben. Nach jahrelangem Beobachten und auch Recherchieren konnte ich hier zum ersten Mal beweisen, wohin heute die meisten Katzen verschwinden: Tiere, die nicht am Straßenrand liegen, wurden in den meisten Fällen von einem Jäger abgeschossen. Mindestens eine Viertel Million Katzen verschwinden auf diesem Weg jedes Jahr allein in Deutschland. Eine Katze braucht noch nicht einmal zu wildern, um erschossen zu werden: Je nach Bundesland genügt ein Abstand vom Haus von 200 oder 500 Metern, dann darf der Jäger sie durch einen Schuss oder in einer Katzenfalle töten. Weil die Jäger sich scheuen, die Tierhalter zu benachrichtigen, bleiben die in Ungewissheit zurück. Hier Auszüge aus der Sendung:

> *„Ja, die Ungewissheit. Es wird immer soviel erzählt von Versuchslabors in Deutschland. Es wird ja immer gesagt, die fahren hier rum..."*
>
> *Rentnerin Regine H. aus Kassel, vermisst zwei Katzen*

„Ich vermute, dass bei uns hier im Kreis Tierfänger rumfahren, mit Kastenwagen, die die Tiere einfangen. Die werden dann in Labors gebracht, wo die Tiere furchtbar gequält werden…"
„Ich hab schon alles Mögliche probiert…mir kommt das vor, als hätte ich ´nen guten Freund verloren. Was neuerdings ja Mode ist, dass da Pelze draus gemacht werden…"

Birgit G. aus Schleswig-Holstein, vermisst mehrere Katzen

„Ich habe mir zwar eine Katzenfellhose zusammengearbeitet, zusammengeschossen, zusammengefangen ... aber im Grunde spielt nur der Jagdgesichtspunkt eine Rolle. Als Jäger sind wir verpflichtet, Katzen kurz zu halten … Katzen sind Raubtiere … Katzen, die über zweihundert Meter vom Haus weg sind, sind für uns Jäger automatisch wildernd…im Grunde schießt kein Jäger Katzen gerne, das ist kein großer Spaß."

Jäger in der Gegend von Birgit G.

Die Nachforschungen haben ergeben, dass in Deutschland laut Hochrechnung eines Jagdverbandes mehrere tausend Hunde sowie 286 322 Katzen jedes Jahr von Jägern abgeschossen werden. Die Schätzungen der Jäger selbst lagen allerdings viel höher. *„Realistischer sind 400 000 Katzen"*, so eine Meinung aus Bayern. Von einem Jäger, der allerdings betont, er selbst schieße *„eine Katze nur ab, wenn sie tatsächlich wildert, nicht schon, weil sie weit genug von einem Haus weg ist"*.

Jenen, die Fallen aufstellen, ist das egal. Mit Hilfe eines „Katzenlockmittels", das es im Jagdbedarfshandel gibt, locken sie Katzen sogar an. Auch vom Haus weg, in eine „Katzentotschlagfalle". Der Jagdausrüster: *„Dieses Lockmittel wirkt über 200, 300 Meter ... wenn eine Katze in der Nähe ist, ist sie am nächsten Morgen in der Falle..."*

Selbst wenn es sich um eine so genannte Lebendfalle handelt, gibt es für die Katze kein Entkommen mehr: *„Bei diesem Modell lässt der Jäger die Katze aus der Falle in einen Sack oder Korb laufen und erschießt sie dann im Korb,"* so der Jagdausrüster.

Auch dass die Katzenhalter ihre Tiere nicht mehr finden, sei im Grunde einfach zu erklären, meint er:

> *„Es ist nicht die Regel, dass der Jäger den Besitzer ausfindig macht, er wird versuchen, die Sache im Dunkeln zu lassen."*
>
> *Jagdausrüster, der unter anderem „Katzentotschlagfallen" und Lockmittel anbietet*

> *„Eigentlich müsste der Jäger die geschossene Katze in die Abdeckerei bringen, aber jeden Jäger beschleicht diese Angst, dass die Katze als geschossen erkannt wird...manche entsorgen sie deshalb, indem sie sie auf den Luderplatz legen oder auf die Straße, und selbst ein paar Mal drüber fahren, bis sie nicht mehr erkennbar ist..."*
>
> *Jungjäger aus Bayern, der viele Katzen abschießt*

Das sei der Ordnung halber gesagt: Nicht alle Jäger denken so, es gibt sogar einen ökologischen Jagdverband, der das Töten von Haustieren ganz ablehnt. Tatsache ist aber, dass Katzen heute in aller Regel nicht mehr in Labors verschwinden, wie früher, sondern nach einer Begegnung mit einem Jäger oder dessen Falle.

Nun hat diese Sendung natürlich nicht jeder gesehen, der eine Katze oder einen Hund hat.

Deshalb erreichten mich auch im September 2006 noch viele e-mails mit Inhalten wie diesem:

„... bei uns in der Gegend verschwinden zur Zeit viele Katzen spurlos. Wir haben Fahrzeuge mit polnischen Kennzeichen beobachtet, die auch nachts herumfahren und uns jetzt auf die Lauer gelegt, falls die Tiere für Versuche gestohlen werden..."

Meine Antwort: *„...denken Sie daran, dass es sich bei den Polen um Erntehelfer handeln könnte, und fragen Sie zuerst einmal beim örtlichen Jäger nach. Die Wahrscheinlichkeit, dass er weiß, wo ihre Tiere verblieben sind, ist hoch. Sehen Sie sich zur Information den Film ... an".*

Gerade wenn Sie zu speziellen Fragen Informationen suchen, bieten sich Medienarchive an. Denn mit weiteren Spekulationen, wie es sie vielfach im Internet gibt, Ist ihnen im Fall der Katzen zum Beispiel nicht geholfen. Daneben spricht auch die Aktualität von Informationen für Medien und eben Medienarchive: Sie wissen dabei immer genau, von wann die Informationen sind.

2. Informationsmaterial von Firmen und Verbänden, die Tiere „nutzen"

Erhalten Sie direkt von Firmen, auf einen Anruf oder Brief hin. Oder über das Internet. Wie Sie sich vorstellen können, sind diese Informationen meistens einseitig. Denn Firmen oder Verbände, die Tiere „nutzen", möchten vor allem eines: Ihnen etwas schmackhaft machen und verkaufen. Das heißt: Im Vordergrund steht nicht die Information, sondern *Werbung.* Das gilt beispielsweise für Infos der *CMA,* die Marketing für die Agrarindustrie betreibt. In aller Regel sind die Informationen der Interessengruppen, die Tiere nutzen, darauf ausgelegt, ihr Gewissen zu beruhigen - damit sie weiter kaufen. Das gilt insbesondere auch, wenn es um das Thema „Tierversuche" geht.

Wenn Sie allerdings gezielt etwas suchen, kann es sinnvoll sein, zu einer Firma Kontakt aufzunehmen. Ein Beispiel: Sie haben erfahren, dass Hähnchen zu zigtausenden in großen, halbdunklen Hallen gemästet werden, nur wenige Wochen lang. Also ohne jede Lebensqualität. Sie möchten zwar auf Hähnchenfleisch nicht verzichten, aber doch zumindest keine *solche* Tierhaltung unterstützen.

„Wir verkaufen pro Woche vier Millionen konventionell gemästete Hähnchen, aber nur 8000 Weidehähnchen. Das ist leider so, das entscheidet letzlich der Verbraucher an der Ladentheke."

Paul-Heinz Wesjohann, Chef von Wiesenhof, im Interview zur Sendung „Mit Herz für Tiere", ZDF 37° Extra, 2004

Konventionelle Hähnchenhaltung

Europas größter Geflügelfleischhandel ist die Firma Wiesenhof. Angenommen, Sie rufen dort an (die meisten Firmen nennen Kundenhotlines auf den Produkten). Man wird ihnen gerne mitteilen: Wir bieten auch die so genannten „Weidehähnchen" an. Die leben länger, im Freien. Hätten Sie es gewusst? Auf Wunsch erhalten Sie eine Liste der Bezugsquellen, das heißt der Läden, die dieses Hähnchen anbieten. Wenn Sie auf Fleisch nicht verzichten möchten, helfen Sie mit einem solchen Anruf bei einer Firma und der Konsequenz daraus auch den Bauern, die Hähnchen im Freien großziehen. Die verkaufen sich nämlich so gut wie gar nicht – weil sie teurer sind als die aus Billigmast. Und weil die meisten Leute nicht darüber informiert sind, was denn ein „Weidehähnchen" überhaupt ist.

Weidehähnchenhaltung, Landwirt: "Mir macht das auch Freude, die Tiere so zu sehen, wie sie laufen und zufrieden sind."

Ein Wintergarten für Puten

Ähnlich sieht das übrigens bei Puten aus. Nehmen wir wieder an, Sie möchten auf das Fleisch nicht verzichten, aber „Produkte" kaufen, die den Puten zumindest ein artgerechteres Leben ermöglichen.

Wussten Sie, dass es Putenställe mit einem so genannten „Wintergarten" gibt? Auch das wird ihnen eine Firma wie Wiesenhof gern mitteilen.

Nur in der Schweiz sind diese Ställe sogar Pflicht – aber auch in Deutschland und anderen Ländern gibt es Landwirte, die ihren Puten mehr Platz und einen Auslauf ins Freie gönnen. Die Regel ist das aber nicht.

Ein kurzer Auszug aus dem Film „Mit Herz für Tiere", ZDF, 2004: *15 000 Puten stehen in diesem Stall. Das grüne Licht soll die Tiere beruhigen. Trotzdem: Abgefressene Federn, es kommt zu Kannibalismus in der Enge. Deshalb wurden den Puten die Schnäbel gekürzt. Heute Nacht werden sie verladen, zum Schlachthof. Nach 16 Wochen Mast. 10 Jahre alt könnte eine Pute werden. Aber alles muss schnell gehen, das Tierleben billig sein. „Die Konkurrenz aus Brasilien und Thailand ist hart. Ich verdiene mein Geld an den letzten hundert Gramm einer Pute", sagt der Mäster, „ich produziere das, was der Verbraucher will: Billiges Putenfleisch. Würde der Verbraucher denn mehr zahlen wollen? Nein, das würde er nicht."*

Putenhaltung konventionell

Dazu muss man wissen, dass neunzig Prozent der so genannten Convenience-Produkte, das sind die tiefgefrorenen, oft schon panierten oder gewürzten Puten- und Hähnchenteile, aus Ländern wie Thailand und Brasilien kommen. Draufstehen muss das nicht: Fleisch, das in Deutschland abgepackt wird, darf als „Hergestellt in Deutschland" verkauft werden. Deshalb wissen auch die meisten Leute nicht, dass Rindfleisch mitunter auch mal bis aus Botswana in Afrika kommt. Nur bei den Eiern hat die Ex-Ministerin Renate Künast der Täuschung des Verbrauchers ein Ende gemacht: Vor der von ihr eingeführten Kennzeichnungspflicht bei Eiern kamen viele aus Thailand, abgepackt in Deutschland waren es dann Deutsche Eier. Das alles ist wichtig zu wissen, wenn man verstehen will, wieso Landwirte in Europa mitunter um ihre Existenz kämpfen, obwohl es so wenig Betriebe zu geben scheint.

Puten im Wintergarten

„Die Puten haben hier Platz, Licht, Luft, Auslauf – ich erwarte aber schon, dass der Verbraucher das an der Ladentheke auch honoriert … das ist ein Risiko, ja, ich muss schließlich davon leben."

Landwirt in Norddeutschland, der einen Putenstall mit Wintergarten betreibt. (ZDF, „Mit Herz für Tiere", 2004)

Honorieren würden es die Verbraucher vielleicht schon, wenn sie wüssten, dass es auch Puten aus der Wintergartenhaltung gibt.

Im Zweifelsfall liegen sie mit Öko- und Bioprodukten richtig. Eine weitere Möglichkeit sollte man auch nie außer Acht lassen: **Man *kann* Tiere essen, *muss* aber nicht.**

3. Informationsmaterial von Regierungsstellen

erhalten Sie auf Anfrage beim jeweiligen Ministerium, allgemeine Informationen auch über das Internet. Wie ausgewogen die Informationen sind, hängt auch davon ab, welcher Minister gerade am Zug ist. Manches können Sie Ihren Kindern vor dem Einschlafen zeigen. Süße Tierchen in netter Umgebung – man möchte der Industrie schließlich nicht schaden. Dennoch erfahren Sie aus den Broschüren auch Allgemeines über die Haltungsformen bei Tieren, und die dazugehörigen Vorschriften.

Lesenswert war der *„Tierschutzbericht der Bundesregierung"*, der alle zwei Jahre erschienen ist. Die Bundesregierung hat den Bericht eingestellt. Falls er wieder erscheint, lohnt es sich, ihn zu bestellen. Es waren darin alle Fakten zu Tieren beschrieben. Die Adresse, auch für andere Anliegen: BM für Ernährung, Landwirtschaft und Verbraucherschutz, Platz der Republik 1, 11011 Berlin

4. Informationsmaterial von Tierschutz- und Tierrechtsorganisationen

gibt es bei den Organisationen selbst auf Anfrage, allgemeine Informationen auch über das Internet.

Am besten ist es, sich Informationen von mehreren Verbänden schicken zu lassen. Achten Sie darauf, dass die besagte Vereinigung als „gemeinnützig und besonders förderungswürdig" anerkannt ist. Das e.V. hinter dem Namen sagt darüber nämlich nichts aus. Sie werden schnell selbst feststellen, ob ein Verein oder Verband mit seinem Informationsmaterial Ihren Verstand ansprechen möchte, oder nur mit rührseligen Schlagzeilen und peppiger Werbung auf Ihren Geldbeutel zielt.

Natürlich sind auch seriöse Vereine auf Spenden angewiesen. Sie bieten aber nicht nur Werbung an, sondern Information und Rat, denn im Mittelpunkt der Tätigkeit steht bei ihnen der Schutz der Tiere.

Generell können Sie bei Tierschutz- und Tierrechtsorganisationen allgemeine Informationen anfordern oder aber spezielle Informationen zu den Themen, die Sie besonders interessieren.

Bedenken Sie, dass auch Tierschutzvereine und -Verbände so genannte Interessensgruppen sind. Das heißt, viele Informationen haben zum Ziel, Sie vor allem auf Missstände aufmerksam zu machen.

Sich regelmäßig und aktuell informieren

Viele der großen Verbände und Vereine geben regelmäßig Mitgliederzeitschriften heraus, in denen Sie aktuelle Informationen zu verschiedensten Tierschutzthemen finden. Dazu zwei Beispiele:

„DU und das TIER"
Deutscher Tierschutzbund e. V., 53115 Bonn

„Tierrechte",
Menschen für Tierrechte e. V., Roermonder Str. 4a,
D-52072 Aachen, Tel. 0241/157214, Fax: 155642

Gezielt Informationen beim Tierschutz abfragen

Die meisten Verbände haben Schwerpunkte.

Der Deutsche Tierschutzbund e.V, die Dachorganisation von 800 Tierschutzvereinen, bietet unter anderem zum Thema Haustiere und Tiere rund um Haus und Garten kostenlose übersichtliche Informationen, die Sie sonst nirgends so erhalten. **Die Broschüren zu Haustieren wie Hund, Katze oder auch Meerschweinchen und Hamster sind ein MUSS, schon ehe Sie sich ein Tier anschaffen.** Ich möchte Ihnen das besonders ans Herz legen, denn hier zählt vor allem, sich **vorher** zu informieren. Aber auch wenn Sie bereits ein Tier halten, werden Sie Informationen finden, die Ihnen und dem Tier Leid ersparen können.

Der Deutsche Tierschutzbund e.V. bietet kostenlos zu vielen Themen Broschüren an. Von Schweinehaltung bis zur Winterfütterung von Vögeln oder zur Frage, wie man sich verhält, wenn man einen Igel findet. Weil sich die Broschüren auf das Wesentliche beschränken, eignen sie sich auch für Interessierte mit wenig Zeit:

Deutscher Tierschutzbund e. V., Baumschulallee 15,
53115 Bonn, 0228/60496-0, www.tierschutzbund.de
Präsident: Wolfgang Apel

Auf das Thema Leben ohne und den Ersatz tierischer Produkte sind wieder andere Organisationen spezialisiert: die **internationale** Tierrechtsorganisation PeTA e. V. (People for the Ethical Treatment of Animals) zum Beispiel, bietet zum Thema Vegetarismus und veganes Leben Informationen an: Sie erfahren dort nicht nur Hintergründe, sondern bekommen auch konkrete Empfehlungen, wie Sie tierische Nahrungsmittel ersetzen können, und dabei sogar gesünder leben als bisher. Die Adresse:

PeTA e. V., Dieselstr. 21, 70839 Gerlingen - www.peta.org
Harald Ullmann / Gründerin: Ingrid Newkirk

Beide Organisationen bieten auch speziell Infos für Kinder und Jugendliche an. Ich kann Ihnen im Rahmen dieses Buches leider nur einige Dachorganisationen und Vereine als Beispiele zu den Themen nennen. Es gibt aber natürlich viele Verbände, die sinnvolle Arbeit leisten.

Sich selbst vor Ort kundig machen

Dazu kann man sich eine Adresse beschaffen. Zum Beispiel im Laden oder von der Marktfrau, bei der Sie immer Eier kaufen, sofern Sie welche essen.

Sich vor Ort zu informieren kostet Zeit, Mühe und Mut. Und doch lohnt es sich, einmal den Versuch zu machen, beispielsweise eine Hühnerlegebatterie zu besichtigen. Hühner wird man Ihnen dort wahrscheinlich nicht zeigen. Denn das tun die Betreiber einer solchen Stätte selten, bringen zahlreiche Argumente vor, weshalb Sie den Hühnerstall „unter keinen Umständen" betreten dürfen. („Hygiene" ist das beliebteste Argument, egal, wie dreckig der Betrieb ist). Warum Sie die Tiere in einer Massentierhaltung in der Regel nicht sehen dürfen, können Sie sich wahrscheinlich denken: Sie würden kein Käfigei mehr kaufen, wenn Sie einmal Hühner gesehen haben, die einige Monate in einer solchen Folterkammer zugebracht haben.

Doch auch wenn Sie die Hühner - oder was immer Sie sich vornehmen, zu sehen - nicht zu Gesicht bekommen, ist es eindrucksvoll, einmal den Menschen kennen zu lernen, der „Ihr" Huhn hält. Das Huhn, dessen Dasein Sie laut Statistik durch Ihren Eierkauf finanzieren.

Sie werden vielleicht feststellen, dass jemand, der Hühner im Käfig hält, kein „Sensibelchen" ist. Auch wenn er auf „armer Bauersmann von nebenan" macht. Vielleicht stimmt er ein Klagelied über die modernen Zeiten an, den Konsumenten, die Politiker und über die Notwendigkeit, deshalb Hühner zu quälen. Erwecken Sie nicht den Anschein, Sie seien ein Tierschützer, sonst könnte es sein, dass Sie unvermutet ein bisschen von der Gewalt zu spüren bekommen, die ein solcher Mensch tagtäglich gegen Tiere anwendet.

Dazu gibt es ein eindrucksvolles Zitat von Johann Wolfgang von Goethe:

Wer Tiere quält, ist unbeseelt,
und Gottes guter Geist ihm fehlt.
Mag noch so vornehm er drein schau´n,
man sollte niemals ihm vertrau´n.

Johann Wolfgang von Goethe

Bei Dreharbeiten zur Singvogeljagd in Oberitalien haben Jäger das Auto von Manfred Karremann zerschossen.

Mich deprimiert das viele Tierelend

Es kann deprimierend sein, sich über Tierschutzprobleme zu informieren. Aber eben weil unser Umgang mit Tieren so schlimm ist, ist es umso wichtiger, zumindest für sich etwas gegen diese Umstände zu unternehmen - und Sie haben spätestens jetzt damit begonnen, indem Sie dieses Buch lesen.

Sicherlich stimmen die Tierschicksale, auf die Sie stoßen, traurig. Das sind sie auch, vor allem für die betroffenen Tiere. Denn sie machen tagtäglich all das durch, was wir uns kaum ansehen können. Und nichts wird sich daran ändern, wenn wir die Augen davor verschließen. Und ja, wir werden auch nicht heute und morgen die Welt ändern können. Aber wir können unseren Teil zu einem Miteinander und besseren Leben für Tiere beitragen. Indem Sie sich damit auseinandersetzen, können Sie künftig entscheiden, was Sie Ihrem Gewissen - und auch Ihrer Gesundheit - zumuten, und was nicht. Ich werde versuchen, Ihnen mit diesem Buch einige Grundinformationen zu vermitteln.

In den Ausführungen zur Ethik habe ich beschrieben, dass Tierschutz in erster Linie ein Gedanke ist. Ein „Dran denken". Wenn Sie den Tierschutzgedanken als etwas Notwendiges betrachten und ihn in Ihr Herz und Ihren Kopf einziehen lassen, werden Ihnen viele Situationen begegnen, in denen Sie Entscheidungen zugunsten von Tieren treffen können.

Vergessen Sie bitte nicht: Was wir uns auf Bildern kaum anschauen können, müssen Tiere tagtäglich durchmachen. Auch wegen uns. Das kann sich nur ändern, wenn wir uns darüber informieren und daraus die Konsequenzen für unser eigenes Handeln ziehen.

Sich informieren
II. DRAN DENKEN
Bleiben lassen
Tun
Sich engagieren?

„Der Pelz ist doch gar nicht echt, so billig wie der Mantel war..."

(RTL 1998, NBC 1998, Washington Post 1998, CNN 1998, STERN 1998, BBC 1999, neu: ZDF, BBC, CNN 2005)

Anfang 1999 habe ich für einen Film zum Thema Hunde- und Katzenfelle eine Umfrage mit der Kamera in einer Fußgängerzone gemacht: Befragt wurden Personen, die eine Jacke mit Pelz als Kragenbesatz trugen. Die Auswahl war groß, denn Pelzkragen an der Kapuze waren in diesem Jahr Mode. Fast die Hälfte aller Felle verwendete die Pelzindustrie für diesen Zweck, denn ganze Mäntel aus Pelz kauft sich heute kaum mehr jemand. Also, hat man die Felle in Streifen geschnitten, gefärbt und als modische Accessoires an die Bekleidungshersteller verkauft. Fuchsfelle, Biberfelle, Kaninchenfelle und eben auch: Hunde- und Katzenfelle, in der Regel stammten die aus China.

Ich fragte die Leute also, um was für einen Pelz es sich bei ihrem Kragenbesatz handle: Fuchs, Katze, Hund, Kaninchen...?

Hier einige Antworten:

- „Das weiß ich nicht, aber Katzenfell ist das sicher nicht": Die Antwort der Mehrzahl
- „Der Pelz am Kragen ist doch nicht echt. So billig wie der Mantel war... oder?"
- „Na ja, vielleicht ein Fuchs, oder besser, Fuchsstücke. So ganz genau weiß ich das aber nicht..."
- „Keine Ahnung. Vielleicht ist der synthetisch?"

Pelze sind Tierfelle, das weiß doch jeder

Fast alle Personen wiesen darauf hin, sie würden sich nie einen Pelzmantel kaufen. Den Zusammenhang zwischen einem Pelzstück und einem ganzen Tier haben sie nicht erkannt. Der lässt sich auch leicht verdrängen: Wer ein Schnitzel isst, hat ja auch nicht zwangsläufig das Gefühl, deswegen gleich ein ganzes Schwein zu töten.

Darüber habe ich gar nicht nachgedacht...

Eigentlich wollten die Pelzkragenträger nicht, dass ein Tier für ihre Jacke stirbt. Eigentlich - haben sie sich einfach keine Gedanken darüber gemacht, dass nicht nur ein Pelzmantel, sondern auch ein Kragenbesatz, von einem Tier stammt.

Die meisten dieser Menschen würden sich durchaus als Tierfreunde bezeichnen. Sie haben im entscheidenden Augenblick, beim Kauf der Jacke, nur eines versäumt: **Dran zu denken.**

An das, was eigentlich jeder weiß: Dass für einen Pelz ein Tier getötet wird. Pelz und Leder sind nicht immer nur „Abfallprodukte" aus dem Schlachthof:

Katzen würden länger leben

Februar 2005: Eine abgelegene Gegend, im Norden Chinas. Es ist neblig an diesem Morgen, an dem wir einige Fabriken besichtigen, die Katzenfelle gerben. Wir geben vor, selbst Pelzhändler zu sein.

Unser Blick fällt zuerst auf einen großen Haufen Katzenschwänze, die in einer Ecke des Hofes liegen. „Die sind noch roh", sagt der Mann, der uns seine Fabrik zeigt, „man muss „das Innere" raus machen in der Mitte und es gerben". Tausende von toten Katzen liegen auf dem Fabrikgelände. Manche Gesichter zeugen noch von der Qual des Sterbens: Erschlagen, ersäuft, erdrosselt – manche Tiere haben noch eine Drahtschlinge um den Hals.

Dazwischen sitzen immer wieder lebende Katzen, mit einem Draht oder einer Schnur an kleine Holzpflöcke gebunden. Sie miauen kläglich zwischen all den toten Artgenossen und den abgezogenen Häuten, die zu großen Stapeln aufgeschichtet sind. Die lebenden Katzen sollen Ratten von den Resten der toten Tiere fernhalten.

Wir fragen, wieso die Katzenkörper komplett hier liegen – waren der Meinung, man würde die Katzen hier essen und das Fell verwerten. „Nein", erklärt man uns, „Katzen werden im Süden Chinas gegessen, hier geht es bloß um die Felle. Im Süden, wo sie gegessen werden, ist das Fell zu dünn."

Aus dem ganzen Norden werden tote Katzen angeliefert, hier abgezogen und gegerbt, dann weiterverschickt, schließlich verarbeitet und oft exportiert. Die Produktpalette ist breit: ***Rheumadecken, Mantelinnenfutter und natürlich Pelzbesätze.*** *„Das Fell wird gerupft oder geschoren und gefärbt, dem Pelzbesatz an der Jacke oder am Schuh sieht man die Katze nicht mehr an", erklärte uns ein Hamburger Händler. Die Pelzbesätze sind letztlich billiger, als hochwertiger synthetischer Pelz. Bei Rheumadecken dagegen erfolgt die Wertschöpfung auf dem Weg von China nach Europa: Was in China wenige Cent in der Fabrik kostet, etwa 10 Euro im Handel, wird hier schon auch mal für mehrere hundert Euro an gutgläubige Kunden verscherbelt.*

Während man Pelzbesätzen die Katze nicht mehr ansieht, ist das bei Rheumadecken offensichtlich. Die Katzen seien in China natürlich ohnehin gegessen worden, behaupten die meisten Händler. Es gibt sogar Produkte, die die Katze gar nicht verleugnen: In Frankfurt hatte uns 1999 ein Händler Katzenpfotenbleistiftspitzer und Katzenschwanzschlüsselanhänger angeboten.

Wer würde so was kaufen…?

Oder sollte die Frage sein: Wer kauft denn überhaupt einen Katzenpelz und warum? Oder einen Hundepelz oder den irgendeines anderen Tieres?

Die Antwort ist simpel: Der, der nicht dran denkt, dass Pelze eben Tierfelle sind. Und auch Leder von einem Tier stammt – es gibt durchaus auch Hundefutterleder für Schuhe, wenngleich andere Tiere nicht sanfter ums Leben gebracht werden, wenn man ihre Haut vermarkten will. Von welchem Tier ein Pelz oder Leder stammt, wissen meistens nicht einmal die Verkäufer im Laden (die auf Nachfrage oft „Kaninchenfell" und „Rind- oder Lammleder" sagen). Verbraucherschützer kritisieren seit langem, dass weder Pelz noch Leder nach Tierart und Herkunft gekennzeichnet werden müssen. Abgesehen vom Tierschutz bleibt damit auch im Dunkeln, ob giftige Gerbstoffe verwendet wurden. Wenn Lederhandschuhe zum Beispiel bei Nässe abfärben, können solche Gifte die Gesundheit gefährden.

Offene Augen und ein offenes Herz für unsere Tiere

Liest man die Geschichte mit den Kragenbesätzen, so wundert man sich über die Gedankenlosigkeit dieser Menschen. Dieser Menschen, die die Umwelt wahrscheinlich nicht verschmutzen würden, indem sie Abfall wegschmeißen, weil sie den Umweltschutzgedanken in sich tragen. Aber nicht den Tierschutzgedanken, obwohl auch Tiere ein Teil der Umwelt und ihrer Mit-Welt sind.

Dran denken bedeutet auch: Wahrnehmen, überhaupt bemerken

Oft sind es nicht Pelze, sondern alltägliche Kleinigkeiten, an die wir selbst auch nicht denken. Für Tiere entscheiden auch solche Kleinigkeiten oft über Leben oder Tod. Erst wenn wir Tiere als Mitgeschöpfe achten und sie auch Teil unseres Denkens sind, fällt uns auf: Mensch, in meiner Regentonne ertrinken eigentlich ständig Tiere. Falter, Käfer und manchmal auch ein Vogel. Obwohl wir auf der Terrasse neben der Regentonne Kaffee trinken, ist uns das nie aufgefallen. Daran haben wir nicht gedacht, sonst hätten wir den Deckel auf die Regentonne gelegt. „Kleinlebewesen" werden sichtbar. Es kann eine Schnecke sein, die man früher ohne Absicht zertreten hätte, und jetzt vom Gartenweg ins Gras setzt. Oder ein Tier der Gattung, die oft als „Ekeltiere" bezeichnet werden. Vielleicht stülpen Sie jetzt ein Glas über eine Spinne oder ein Insekt, schieben ein Blatt Papier oder einen Karton darunter, und befördern den ungebetenen Gast so ins Freie, anstatt ihn zu töten.

Falls Besuch kommt, braucht der vielleicht gar nicht mehr zu sagen, dass der Hund nach einer langen Autofahrt Durst hat. Sie denken einfach selber dran, **Tierschutz wird zur Gewohnheit.** Auch beim Einkaufen von Lebensmitteln.

Lassen Sie das Huhn aus dem Käfig

„Von mir aus braucht man keine Hühner in Käfige sperren", werden Sie vielleicht denken. Gut. Dann lassen die das Huhn raus. Wie? Wenn Sie sich beim Einkaufen richtig entscheiden, wird „Ihr" Huhn in absehbarer Zeit nicht mehr im Käfig sitzen.

Auch wenn der Gedanke an Tiere nicht immer da ist, Tiere sind es immer. Ob in Haus oder Garten, auf der Straße oder als Lederbezug auf dem Sofa. Ob Sie einkaufen, essen oder sich einkleiden - bei fast allem, was wir tun, kommen wir mit Tieren oder „tierischen Produkten" in Berührung. In diesem Zusammenhang hat jede Entscheidung, die wir treffen, eine Auswirkung auf die Art, wie ein Tier lebt - und ob es leben darf oder sterben muss.

Kaufen wir ein tiefgefrorenes „Grill"-hähnchen, stirbt dafür ein Hahn. Nicht dieser, natürlich, denn der ist ja schon tot. Aber ein anderer, denn der Supermarkt wird nachbestellen. Kaufen wir ein billiges Hähnchen oder billiges Putenfleisch, aus der so genannten „konventionellen Haltung", setzen wir damit ein Zeichen, dass wir einverstanden sind mit der Haltung in Enge, ohne Auslauf.

5 Sekunden Nachdenken + die richtige Entscheidung = Tierschutz

Wenn Sie *sich informiert* haben, brauchen Sie beim Einkauf bloß *dran zu denken,* dass es Hähnchen gibt aus konventioneller Haltung, also einem Massenstall mit Schnellmast – oder solche, die „Weidehähnchen" genannt werden und wesentlich länger im Freien aufgezogen wurden. Sie sind doppelt so teuer – aber können sich die meisten bei uns wirklich nur ein Hähnchen um 2,49 leisten, oder eben auch eines, dass 5,50 kostet – etwas mehr als eine Schachtel Zigaretten? Oder drei Liter Benzin? Ich glaube, es fehlt oft nur an der Information und am *Dran Denken*, dass das abgepackte Schnitzel eben einmal ein lebendes Tier war.

Wem dagegen immer das Billigste gut genug ist, akzeptiert, dass Tiere oft genug schon zu Lebzeiten wie ein Stück Ware behandelt werden.

Unser Kaufverhalten setzt ein unmissverständliches Signal: Es ist uns wichtig, was wir kaufen – oder egal. Wir möchten nur satt sein, gefüttert werden. Ist es nicht generell schade, dafür zu arbeiten? Wenn wir uns so verhalten, finanzieren wir zum Beispiel die Käfighaltung *unseres* Huhns damit. Das bestätigt jede nüchterne Statistik.

Weniger ist mehr

Weniger tierische Produkte bedeutet immer mehr Tierschutz - und bessere Gesundheit. Zum einen werden beispielsweise auch für Eier aus der Freilandhaltung Küken in den Brütereien vernichtet. Je mehr Eier gegessen werden, desto mehr Küken. Zum anderen schadet der hohe Verzehr an tierischen Nahrungsmitteln, insbesondere Fetten, unserer Gesundheit - darin sind sich die Mediziner einig. Doch von Kindesbeinen an suggeriert uns die Werbung, bei bestimmten Nahrungsmitteln sei je mehr, desto besser, um gesund aufzuwachsen und gesund zu bleiben. Kuhmilch zum Beispiel, weil darin Kalzium enthalten ist.

Weniger ist mehr: Allergien

Doch Kalzium ist nicht nur in Kuhmilch enthalten, sondern auch in Produkten, die nicht zu den Haupt**allergie**auslösern zählen. Das sind übrigens auch Eier und der vielbeworbene Fisch, der von Medizinern allein für etwa 10% der Allergien verantwortlich gemacht wird.

„Kuhmilch und Hühnerei sind derzeit die häufigsten Auslöser von Nahrungsmittelallergien. Oft besteht eine gleichzeitige Allergie sowohl gegen Milch als auch gegen Ei. Durch Milch und Eier ausgelöste Allergien zeigen sich häufig, aber keineswegs ausschließlich, im Darm, Nasen- und Rachenraum. Lunge, Haut, Gelenke und das Zentralnervensystem können ebenso betroffen sein".

Aus: „Ratgeber Milch-/eifreie Ernährung, S. 4, Hrsg. Deutscher Reform-Verlag GmbH, Postfach 14 44, 61284 Bad Homburg, erhältlich im Reformhaus.

Solche Allergien, die sich schon bei Kleinkindern ausbilden können, beruhen vor allem auf einer Abwehrreaktion des Körpers gegen fremdes Eiweiß und bestimmte Antigene. Weil Kuhmilch auf die Bedürfnisse eines Kalbes zugeschnitten ist, nicht auf die eines Kindes.

„Die Menge macht das Gift", sagte der berühmte Arzt Paracelsus. Das stimmt auch hier. Bis auf einige Gesundheitsgefahren, die nur in tierischen Produkten lauern: Bestimmte Salmonellen zum Beispiel. Um daran zu erkranken, genügt schon ein wenig Tierisches.

Nahrung ohne Tierleid und Gesundheitsrisiko: Weizenfleisch, Tofu etc. ziehen deshalb immer mehr Menschen dem Tierfleisch vor.

„Ich esse gern mal ein Steak – aber selber schlachten würde ich das Tier nicht wollen…“.

Redakteur einer Tierschutzzeitschrift im Gespräch mit mir

Will ich wirklich verursachen, was ich zutiefst verabscheuen würde, wenn ich es mit ansehen müsste?

In vielen gängigen Kochbüchern wird beschrieben, wie Krustentiere *„tierschutzgerecht“* getötet werden können:

Man packe das Tier am Rücken, heißt es in einer Beschreibung, und tauche es mit dem Kopf voran schnell in einen Topf mit sprudelnd kochendem Wasser. Große Hummer und Langusten müsse man *mindestens fünf Minuten* im sprudelnd kochenden Wasser *untertauchen*, um den *Todeskampf* der Tiere *so kurz wie möglich zu halten.*

„Dran denken“ kann auch unangenehm sein

Wenn Sie beim Lesen einer Speisekarte oder an einer Fleisch- und Wursttheke beginnen, nachzudenken, kann es passieren, dass ihnen der Appetit vergeht. Wer bei Fleisch an die Vorgeschichte denkt, der könnte plötzlich mehr Appetit auf ein vegetarisches Steak oder Schnitzel bekommen. Wenn er denn weiß, dass es - zum Beispiel - in den Reformhäusern „Wie Steak“, „Wie Hamburger“ und „Wie Schnitzel“ gibt. Wenn durch das „Dran denken“ der Kauf eines tierischen Produktes einen unangenehmen Beigeschmack bekommt, lohnt es sich, die jeweilige Alternative dazu zumindest zu probieren.

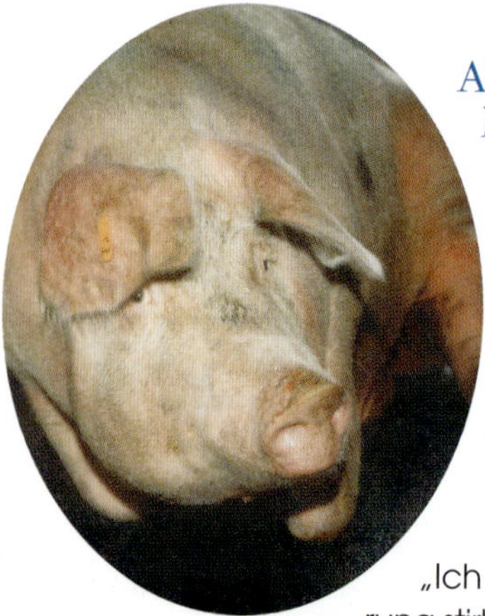

Aber ich kaufe doch beim Metzger um die Ecke...

Im Tierschutz gibt es unterschiedliche Strömungen: Während die einen fordern, ein Tier solle wenigstens anständig leben, ehe es gegessen wird, verlangen andere, das Recht des Tieres auf Leben zu achten.

Sie entscheiden letztlich, ob Sie sagen: „Ich akzeptiere, dass ein Tier für meine Nahrung stirbt, aber ich will sicherstellen, dass es vorher gut lebt", oder ob Sie sagen: „Ich will nicht, dass ein Lebewesen für mich sterben muss". Das ist allein Ihre Entscheidung. Und die sollte auch von allen respektiert werden.

Ernährung ist Gewohnheit

Wichtig ist zu bedenken, dass Fleischessen eine starke Gewohnheit ist. Wo vielleicht der Geist oft willig ist, der Körper aber schwach. **Wie sonst wäre zu erklären, dass Leute, die zu Hause - nur - „beim Metzger um die Ecke" kaufen oder Öko-Fleisch, auch im Restaurant oder im Urlaub Fleisch essen, das von *irgendwoher* kommt?**

Heimatmelodie

Ohne *dran zu denken* übrigens, wie die Tiere wohl zum Schlachter nach Spanien, Mallorca oder Ägypten gekommen sind. Nicht selten nämlich lebend, auf tagelangen Tiertransporten. Wenn Sie in Marokko oder Tunesien ein Steak essen, sind Heimatgefühle oft nicht fehl am Platz: Die Wahrscheinlichkeit, dass es sich um Fleisch von einem deutschen oder holländischen Tier handelt, ist hoch.

Schweine für Spanien:
Schnitzel für Touristen in Malaga

Dran denken = Mitgefühl, und veranlasst zum Handeln

Dran zu denken fällt nicht immer leicht. Weil wir eben heute mit dem *Tier* nicht mehr in Berührung kommen, sondern nur noch mit seinem Fleisch oder mit dem, was wir sonst von ihm verwerten. Mit dem Huhn, das die Eier legt, die wir schließlich kaufen, - unserem - Huhn, oder auch mit den Tieren im Labor, deren Misshandlung nicht selten durch unsere Steuergelder finanziert wird, oder durch den unbedachten Kauf von Chemikalien und Kosmetik, haben wir direkt und vordergründig nichts zu schaffen. Selbst wenn uns Bilder einen Einblick in diese verborgene Welt voller Schrecken geben, ist das mit dem Mitgefühl immer noch so eine Sache.

Mitleid ja, aber Mitfühlen mit einer Henne oder Maus - wie das denn?

Wie schlimm es für ein Tier wirklich ist, lebenslänglich in einem engen Käfig zu hocken oder als Versuchsobjekt zu dienen, ist schwer vorstellbar. So, wie wenn ein anderer Zahnschmerzen hat und man selber nicht. Man kann ihn dann zwar bedauern, aber so richtig nachfühlen, wie es war, als man selber Zahnschmerzen hatte, kann man eigentlich nicht. Denn Schmerzen und Leiden sind nur sehr bedingt vorstellbar.

Aber - mitunter bietet sich Gelegenheit. Wer zum Beispiel eine Operation hinter sich hat und für einige Tage ausschließlich auf dem Rücken liegen muss, kann sich vorstellen, wie unangenehm es für eine Muttersau gewesen sein muss, über zwei Jahre hinweg auf dem nackten Betonboden angebunden zu sein oder in einem engen Kastenstand zu liegen. Sich über Jahre hinweg **nie** so hinlegen zu dürfen, wie sie möchte.

Wie mag einem Primaten oder einer Katze im Versuch zumute sein, wenn das Tier in einem Apparat „fixiert" wurde, damit es sich nicht bewegen oder wehren kann? Wie schlimm mag es für eine Kuh oder einen Hund wirklich sein, ein Leben lang an einer Kette zu hängen, ohne je wirklich laufen zu dürfen?

Der kleine Unterschied zwischen Ihrem Zahnarztbesuch und einem Tierversuch...

Denken Sie das nächste Mal auf dem Zahnarztstuhl einfach mal daran, wie

Sie empfinden würden, wenn Sie ein Tier im Versuch wären. Wer weiß, vielleicht hat es sogar noch mehr Angst, als Sie auf dem Zahnarztstuhl, weil es keine Ahnung hat, was die Leute im weißen Kittel da mit ihm machen werden.

Vergessen Sie dabei vor allem eines nicht: **Ihnen wird beim Zahnarzt geholfen, auch wenn es mal kurz weh tut. Dem Tier aber wird absichtlich geschadet.** Nicht nur für kurze Zeit. Ob da im Versuch Zähne aufgebohrt werden, ein Tier taub oder blind gemacht wird. Oder eben ein Schwein oder Huhn in einer Enge gehalten wird, die jeden Menschen nach einigen Tagen in den Wahnsinn treiben würde: Fassen Sie sich ein Herz, und **denken Sie einmal darüber nach**, dass vielen Tieren heute, jeden Tag, unvorstellbare Qualen und Leiden zugemutet werden. Oft von Menschen, die offenbar gar nicht mehr wissen, wie „mitfühlen" und „mitleiden" überhaupt geht, es sei denn, es geht um sie selbst. Denn gerade diese Menschen handeln nicht selten in Ihrem Auftrag und mit Ihrem Geld, wenn Sie nicht **dran denken,** welche Konsequenzen ihre alltäglichen Handlungen als Einzelne(r) für Tiere haben.

Lassen Sie nicht zu, dass andere scheinbar mit Ihrer Billigung und in Ihrem Auftrag Tieren Leid zufügen! Sie allein entscheiden, was andere mit Tieren für Sie tun dürfen und was sie selbst tun oder lassen, um keinen Schaden anzurichten.

Tierschutz ist ein Gedanke.

Alles beginnt damit, dass sie an Tiere denken, sie überhaupt wahrnehmen und bemerken. Sich für Tierrechte einzusetzen bedeutet nicht zwangsläufig, etwas zu *tun*, sondern viel häufiger, im eigenen Lebensbereich etwas *bleiben zu lassen*. Man *muss* eine Schnecke schließlich nicht zertreten. Man *muss* sich keinen Hamster anschaffen. Man *kann* vieles tun, oder eben *bewusst nicht tun*.

„Ich bin Leben, das leben will, inmitten von Leben, das leben will“

Albert Schweitzer, 1915

So hat Albert Schweitzer das umschrieben, was er „Ehrfurcht vor dem Leben" nannte. Wenn wir nachdenken, wie wir diese Erkenntnis hier und heute umsetzen können, kommen wir zu der Konsequenz:

Leben und leben lassen.

Sich informieren
Dran denken
III. BLEIBEN LASSEN
Tun
Sich engagieren?

Bleiben lassen = erst einmal nicht schaden.

Etwas bleiben zu lassen ist die einfachste Art, Tierleben zu respektieren - und zugleich eine der effektivsten. Jeder kann diese Art von Tierschutz praktizieren.

Im „Beispiel eines Tagesablaufs" wurde ein Käfer in der Garage zertreten. Einfach so, man kann sich denken: „Was hat der hier zu suchen?", oder - in den meisten Fällen - denkt man sich wahrscheinlich gar nichts dabei. Wen interessiert schon, ob der Käfer lebt oder nicht? Sicherlich den Käfer.

„Jeder dumme Junge kann einen Käfer zertreten, aber alle Professoren der Welt können keinen herstellen.“

Arthur Schopenhauer

Wenn Sie davon ausgehen, dass dieser Käfer auch gerne lebt, ja, ein Recht auf sein Leben hat - würden Sie ihn immer noch zertreten? Er ist ein Kunstwerk der Natur, wenn Sie ihn genau anschauen. Wenn Sie ihn leben lassen, setzen Sie bereits den Tierrechtsgedanken um. Sollte Sie der Käfer in Ihrer Garage stören, nehmen Sie sich zwei Minuten Zeit und setzen ihn mit Hilfe eines Blatt Papiers in den Garten. Freuen Sie sich daran, wie der Käfer weitermarschiert und nun im Garten „seinen Geschäften" nachgeht. Sie haben nicht getötet, was leben will.

Die Gewohnheit, nicht zu töten, was Sie vorher *ohne Nachzudenken* umgebracht hätten, wird Sie auf die Dauer glücklicher machen.

Muss der Stärkere vernichten, um sich gegen das Schwächere zu „wehren"?

Es müssen nicht Millionen Heuschrecken über uns herfallen, damit wir uns „wehren". Wir beantworten schon die kleinste Störung mit aller Härte: Ob das Schnecken im Garten sind oder Ameisen auf der Terrasse: Es ist unser Terrain, und was an Tieren unerwünscht eindringt, tut dies selbstverständlich zu Unrecht, hat scheinbar den Tod verdient. Ausnahmen wie Igel, Vögel und Schmetterlinge gibt es natürlich. Tiere wie Schnecken und Ameisen sind den meisten Menschen einfach nur lästig. Viele vernichten sie mit „Schneckenkorn" und Ameisengift. Oder überschütten Schnecken, die ein hoch entwickeltes Nervensystem haben, mit kochendem Wasser, brühen sie qualvoll zu Tode. Die grausigsten Methoden scheinen gerade recht zu sein, um uns „Störenfriede" in Haus und Garten vom Leib zu halten: Wir essen gemütlich unter einem Fliegenklebestreifen an der Decke, während die Kreaturen, die es gewagt haben, in unser Esszimmer zu fliegen, qualvoll und langsam zugrunde gehen. Solche Klebestreifen gibt es in den USA auch für Mäuse. Dazu sei erwähnt: In den USA gilt das Tierschutzgesetz nicht für Mäuse und Ratten. Man kauft dort ein mit Leim bestrichenes Pappstück im Supermarkt, legt es unter die Heizung und irgendwann kleben die Füße der Maus darauf. Das Tier quält sich unbeschreiblich, wie ein Fuchs in der Falle eines Pelzjägers, bis es endlich verhungert ist. Dem Störenfried haben wir zwar nicht unseren ethischen Anspruch bewiesen, gute Menschen zu sein, aber: gezeigt, wer der Stärkere ist und wozu wir fähig sind, wenn man unsere Kreise stört: Nicht nur zum Töten, sondern auch zum Quälen.

Der Tierschutzgedanke beginnt nicht erst bei der Katze

Wer so handelt, hat *noch nicht einmal darüber nachgedacht,* dass das, was uns stört, vielleicht auch seine Lebensberechtigung haben könnte. Und seine Lebensfreude, in der es einfach das getan hat, was man als Maus oder Käfer eben so tut, ohne dass es uns eigentlich damit stören wollte.

Wir haben uns *nicht informiert,* ob wir vielleicht unseren Lebensbereich auf sanftere Art und Weise von dem der ungebetenen Gäste trennen können. Denn: S*o wichtig sind uns diese Lebewesen nicht.* Außerdem: Was wir tun, hat man schon immer so gemacht.

Kleine Lebewesen, die uns lästig sind, die wir vielleicht sogar für eklig halten oder fürchten, bekommen oft die ganze Härte menschlicher Überlegenheit zu spüren. Ganze Regale voll von Giften verschiedenster Art sind wohlfeil in Garten- und Baumärkten. Wenn Sie ein solches Produkt in die Hand nehmen und umdrehen, lesen Sie: „Giftig – nicht einatmen oder verschlucken. Darf nicht in die Hände von Kindern gelangen" - und wenn es doch passiert ist: „Sofort ärztliche Hilfe suchen".

Wäre es nicht schon im Interesse ihrer Kinder und Haustiere, aber auch der *absichtlich und zufällig* betroffenen Tiere sinnvoller, hier auf ungiftige aber ebenso wirkungsvolle Produkte zurückzugreifen? Denn die gibt es. Auch um Tiere wie Spinnen oder Wespen nach Draußen zu befördern gibt es so eine Art „Insektenschieber" mit langem Stiel (Bezugsquelle: www. hymenoptera.de).

Nachdenken - Sich informieren - andere Wege gehen

Es gibt nicht nur Schnecken*vernichter* zu kaufen, sondern auch Schnecken*vertreiber*. Und nicht nur Ameisen*killer*, sondern auch Ameisen*vertreiber*. Die Liste ist endlos, wenn man sie zur Kenntnis nehmen will: Ob Maulwurfsvertreiber, Insektenvertreiber, Lebendfallen für Mäuse. Informationen dazu gibt es eben nicht nur im Gartenmarkt, sondern auch bei Tier- und Naturschutzverbänden.

Gibt es gutes Töten und schlechtes Töten?

Mag sein, denken manche vielleicht, aber es gibt dieses Getier millionenfach. Doch wo endet das, wenn wir uns anmaßen, über den Wert und Unwert von Leben zu entscheiden? Zu entscheiden, *was* ein Individuum ist, und *was* beliebig ersetzbar?

Was *vielen Menschen* nicht *nützlich* scheint (aber ist), oder was nicht *als schön betrachtet* wird, wie ein Schmetterling, fällt für die meisten Zeitgenossen unter *Getier*, das *„man" nicht braucht*. Ob eine Fliege oder ein Käfer im Bierglas ertrinkt, ist egal, auch wenn wir das verhindern könnten. Der Gedanke ist wohl vielmehr: Schade um das schöne Bier. Wir töten schließlich schon, nur weil sich ein Insekt in unser Wohnzimmer verirrt hat. Patsch - und weg ist der Falter. Wieder ein Leben ausgelöscht, ein für uns unwichtiges, ja lästiges, versteht sich. Ob das nötig war? Man hätte den Falter auch mit einem Blatt Papier aus dem Fenster schieben können. Doch wer denkt schon darüber nach. Es ist ***ein beiläufiges, ja selbstverständliches Töten.***

Doch: Wo beginnt Töten? Bei einem Falter, einer Schnecke oder erst bei einer Maus? Wenn Sie den Gedanken etwas weiter spinnen, wird das noch schwieriger: *Wo fängt Töten eigentlich an? Und wo hört es auf? Gibt es unwichtiges Töten? Gutes Töten? Oder ist Töten an sich schlecht?*

Immerhin heißt es in der Bibel: „**Du sollst nicht töten**". Wen oder was wir nicht töten sollen, ist nicht näher ausgeführt. Vielleicht - absichtlich nicht. Denn in fast allen Kulturen ist das eine Grundfeste des friedlichen Zusammenlebens.

Vielleicht könnte dieses Gebot in mancher Hinsicht auch eine Chance auf einen Frieden und ein Miteinander mit unseren Tieren sein? Ich würde mir wünschen, dass auch die Kirchen dem Bibelzitat „Der Gerechte erbarmt sich seines Viehs" mehr Aufmerksamkeit schenken würden.

Dran denken - Sich informieren - Ersetzen

Man kann Tauben abwehren, ohne dass rasiermesserscharfe Klingen auf einer Fensterbank ihre Zehen abschneiden. Man kann auch seinen Garten so gestalten, dass Schnecken gar nicht erst zum Salat kommen. Es ist, wie Sir Paul McCartney sagte: *„... nicht notwendig, Tieren gegenüber grausam zu sein."*

Ich töte keine Käfer oder Mäuse, aber ich esse Fleisch

Was und wie viel Sie „bleiben lassen" von dem, was Tieren schadet, liegt in Ihrem Ermessen. Sie bestimmen die Grenzen. „Ich töte keine Käfer. Und kein Pelztier, indem ich Pelzkleidung kaufe", kann beispielsweise Ihr Gedanke sein. „Auf den Besuch eines Stierkampfes verzichte ich auch", werden Sie vielleicht sagen, „und meinen Hund schlage ich auch nicht. Nur Fleisch und Wurst esse ich weiterhin. Vielleicht weniger. Wenn´s geht Biofleisch oder welches vom Metzger um die Ecke". (Ist es nicht erstaunlich, wie viele Metzger es an allen Ecken gibt...?)

Ein bisschen Tierschutz ist besser als gar keiner.

Und das meine ich ernst, überhaupt nicht zynisch. Es ist immer noch besser, keinen Stierkampf zu besuchen und keine Pelze zu kaufen, aber - wenn Sie das für sich als richtig entschieden haben - Wurst zu essen, als zu sagen: „Ich will das alles gar nicht wissen, ich halte mich lieber aus Tierschutz ganz heraus."

Hunde retten - Schweine essen? Ist eine teilweise Achtung von Leben möglich?

Es gibt Menschen, die betreiben Tierheime, retten Hunde, aber essen Fleisch. Es ist sicher besser, sie betreuen ausgestoßene Hunde und essen Fleisch, als wenn sie Fleisch essen würden und sich nicht um Hunde scheren würden. Logisch. Es ist sozusagen *Tun, was hilft, ohne bleiben zu lassen, was schadet.*

Was jemand isst und wie viel davon, muss jeder selbst entscheiden. Man kann Fleisch essen, muss aber nicht. Man kann eine Schnecke zertreten, tut es aber vielleicht nicht, wenn sie einem auffällt.

Erst einmal nicht schaden - Das schließt wohl unvermeidlich mit ein: *Leben - und leben lassen.*

Bleiben lassen = Ersetzen

Fleisch und Wurst verhindern wohl wie nichts anderes Vergleichbares, dass sich Menschen *überhaupt* mit Tierleid auseinandersetzen. Insgeheim ist man sich vielleicht bewusst, dass es besser wäre, den Konsum zu reduzieren oder einzustellen, denn eine existenzielle Notwendigkeit besteht nicht. Dennoch ist die Ernährung eine starke Gewohnheit, man spricht nicht umsonst von der *Macht der Gewohnheit.*

Ersetzen, nicht verzichten

Vieles Tierische lässt sich aber ganz einfach ersetzen. Einmal, mehrmals oder auch immer.

Fast jeder Supermarkt bietet heute vegetarische Produkte an. Wer eine große, schmackhafte Auswahl an Fleischersatzprodukten sucht, für den sind Reformhäuser und Naturkostläden immer eine gute Anlaufstelle. Es gibt sie in jeder Stadt. Dazu ein Beispiel für „Bleiben lassen durch Ersetzen":

Den Fleischsalat aus der Metzgerei mal durch einen vegetarischen „Fleisch"salat aus dem Reformhaus ersetzen.

Nicht umsonst heißt das vegetarische Produkt auch „Fleisch"salat: Es schmeckt ähnlich, ist aber gesünder, und Sie können es mit Freude und ruhigem Gewissen essen: Es wurde kein Tierleid dafür verursacht. Davon abgesehen: Vegetarischer „Fleisch"salat macht nicht dick, anders das tierische Produkt aus fetter Mayonnaise und fetter Wurst. Ein Versuch kann Ihnen also keinesfalls schaden. Dasselbe gilt für vegetarische Bolognese: „Sugo" heißt das Produkt im Reformhaus. Ersatzprodukte, die lecker und gesund sind, gibt es erstaunlich viele, wenn man sich einmal dafür interessiert. Im Reformhaus oder Naturkostladen, wie bereits erwähnt, finden Sie Fleischersatzprodukte auch unter der Bezeichnung „Wie Schnitzel", „Wie Steak", „Wie Hamburger" oder „Wie Hähnchen-Nuggets". Sie schmecken ähnlich wie das Original vom Tier, sind aber vegetarisch. (! Für Veganer und Allergiker: Eier sind oft in solchen Produkten enthalten). Vegane Produkte, d. h. auch ohne Milch, Ei und andere tierische Bestandteile, sind gekennzeichnet. Es gibt durchaus vegane „Landjäger". Für Menschen, die vegan leben möchten, also ganz ohne tierische Produkte, wie Milch oder Eier, gibt es auch im Internet viele Bezugsquellen.

Ein Beispiel: www.lebegesund.de (Schon beim Anbau werden hier nicht nur keine chemischen, sondern auch keine tierischen Düngemittel verwendet).

Sollten Sie im Flugzeug vegetarisch oder vegan essen wollen, können Sie das vorbestellen: Lacto-ovo-vegetarisch („western vegetarisch") oder eben vegan.

Für Leser aus der Schweiz: Besonders schmackhaft ist übrigens auch das Pilzprodukt „Quorn", das in den Migros-Filialen in der

Schweiz angeboten wird. Es wird aus Pilzferment hergestellt. Es schmeckt wie Hähnchenfleisch. Quorn enthält viel Eiweiß, aber keine gesundheitsschädlichen Fette. Quorn-Schnitzel gibt es in verschiedenen Zubereitungen. Paniert oder auch als Cordon Bleu. Quorn-Wurst schmeckt wie Lyoner. Quorn-Steaks zum Grillen lassen jede fettige Wurst und jedes blutige Steak vergessen.

Wer weiß: Vielleicht kommt sogar einmal eine Zeit, in der alle Gerichte auf einer Speisekarte wahlweise vegetarisch zubereitet oder vom Tier bestellt werden können. Längst gibt es vegetarische Burger, die genau gleich schmecken, wie jene aus Hackfleisch. Leider werden sie von Fast-Food-Ketten kaum angeboten. Es sind Gemüseburger im Verkauf, die zwar gut schmecken, aber eben nicht gleich wie die beliebten Burger. Zum Probieren und Beurteilen für Zuhause eignet sich aber auch das Produkt „Wie Hamburger", erhältlich im Reformhaus, sogar in Supermärkten gibt es heute entsprechende Angebote.

Es mag auch nicht jeder jede Wurst

Sicher wird nicht alles Vegetarische nach Ihrem Geschmack sein. Aber das Angebot an pflanzlichem „Fleisch" und pflanzlicher „Wurst" ist heutzutage groß, und auch hier schmeckt einem eben das eine vielleicht besser als das andere. Denn: Bloß weil Sie Fleisch und Wurst essen, heißt das ja auch nicht, dass Ihnen jedes Fleisch schmeckt. Wer Schnitzel isst, muss noch lange keine Hirnsuppe mögen.

Es kann Ihnen übrigens durchaus passieren, dass Sie manches vegetarische Produkt am Ende sogar lieber essen, als ein bestimmtes Fleisch.

Ein solches *Bleiben lassen durch Ersetzen* ist einen Versuch wert. Vor allem, wegen des Tierleids, das Sie nicht verschulden. Weniger Tierisches ist mehr Tierschutz und bedeutet eine bessere Gesundheit. Sie tun der schlanken Linie etwas Gutes, indem Sie weniger tierisches Fett zu sich nehmen. Das Risiko, Gammelfleisch zu erwischen oder von dem krank zu werden, was schon viel zu oft in Eiern und Fleisch gefunden wurde, sinkt, wenn Sie den Konsum reduzieren. Angefangen von Hormonen, Dioxin und BSE-Erregern bis hin zu Salmonellen. Erreger wie Campylobacter, Salmonella, Escherichia Coli oder Yersinia enterocolitica kennt kaum ein Verbraucher beim Namen – und doch stecken sich jedes Jahr Tausende an, die Produkte mit rohem Ei oder nicht ganz durchgegartem Fleisch essen. Der gängige E.-Coli-Erreger zum Beispiel kann zum Tod führen oder zu Nervenschäden. Schon die Massentierhaltung fördert die Vermehrung solcher Erreger.

Im *Urlaub* und auf *Reisen* potenziert sich dieses Risiko mancherorts. Das Fleisch, das wir im Urlaub essen, kommt, nicht nur was die Hygiene betrifft, oft aus fragwürdigen Quellen. In den meisten Ländern der Welt spielt sich Unbeschreibliches in den Schlachthöfen ab. Man sieht es nur nicht. Wie Schweine nach tagelangen Transporten durch die Hitze Spaniens ihrem Ende entgegen gehen. Wie Schweinen auf Bali einfach in den Hals gestochen wird, um sie dann zum langsamen Ausbluten kopfüber in Löcher im Boden eines Schlachthauses zu stecken. Sie würden selbst in den USA vielleicht keine Eier mehr essen wollen, wenn Sie einmal eine Legebatterie in Ohio gesehen haben: Bis zu sieben Hühner sind in einen Käfig gestopft. Hühner sind dort nämlich vom Tierschutzgesetz ausgenommen. Das hat offensichtlich auch deutsche Firmen schon veranlaßt, dort Eier zu produzieren. Wir haben vor einigen Jahren gefilmt:

Über das ganze Ausmaß der Tierquälerei und des Drecks in den Ställen wurden wir unvorsichtig. Haben für kurze Zeit vergessen, dass unser Licht in der späten Nacht weithin sichtbar ist. Ein Wagen mit gelben Blinklichtern biegt überraschend um die Ecke. Ein Wichtigtuer in einer selbst entworfenen Uniform will uns das Filmmaterial abnehmen. Wir beharren darauf, das nur einem „richtigen" Sheriff auszuhändigen und tun das dann auch. Man glaubt uns zuerst nicht, dass wir eigens nach Ohio gekommen sind, um einen Hühnerstall zu filmen, belässt es aber schließlich dabei. Später be-

kommen wir unsere Filme wieder. Jemand sagt: „Meine Familie hat hier auch eine Landwirtschaft. Der Deutsche macht uns alle kaputt. Unsere Farmen, unsere Gesundheit und die unserer Kinder. Nehmt eure Fotos und macht was daraus."

Kein Gesetz: Legebatterie in Ohio/ USA

Viele Kinder in der Gegend litten an Atemwegserkrankungen, durch den hohen Ausstoß an Staub und Ammoniak aus den gewaltigen Stallanlagen. Ammoniak ist giftig für den Menschen (und das Tier im Stall natürlich auch). Um die Hühnerställe in Ohio stand sogar die Gülle auf den Feldern, was ein erhebliches Umweltproblem darstellt. Dr. Jutta Altmann-Brewe zu Ammoniak und Gülle:

„Die Massentierhaltung und die damit verbundene Gülleausbringung trägt fast im gleichen Maße wie der Autoverkehr zur Zerstörung von Wäldern, Pflanzen und Tieren und letztlich der Gesundheit der Menschen bei."

Für manche Menschen sind nicht nur die Tiere und ihre Gesundheit der Grund, Fleisch teilweise oder ganz zu ersetzen.

Eine Rolle spielt für sie dabei auch der Umweltschutz. Aus dem Bericht 103/91 des Umweltinstitutes Worldwatch: *„Die zunehmende Aufzucht von Schlachtvieh geht weltweit auf Kosten der Umwelt ... die Herstellung hat sich seit 1959 verdreifacht... in den Industrieländern sollte viel weniger Fleisch verzehrt werden, das in größeren Mengen zu Herz- und anderen Zivilisationskrankheiten beitragen kann."*

Die Tierrechtsorganisation PETA nennt ebenfalls Zahlen zur Umweltverschmutzung durch die immense Fleischproduktion, am Beispiel der USA:

Die Fleischindustrie verursacht mit die größte Wasserverschmutzung. Alleine in den USA produzieren die Tiere, die für den menschlichen Verzehr gezüchtet werden, 130 Mal mehr Exkremente als die ganze Weltbevölkerung. Eine typische Schweinefarm allein soviel wie eine Stadt mit 12 000 Einwohnern.

Die verbrauchte Wassermenge für fünf Kilogramm Fleisch entspricht dem durchschnittlichen Jahreswasserverbrauch von zwei Personen.

Ein weiterer Grund, ihren Fleischkonsum einzuschränken oder einzustellen, ist für viele Menschen die Armut in weiten Teilen der Erde. Denn eine Tatsache ist: Unser „Vieh" frisst die Nahrung der Armen. Dazu ein Beispiel:

Auf einem Hektar Land können 22 500 Kilogramm Kartoffeln angebaut werden oder 185 Kilogramm Fleisch produziert werden.

Die gängigste Variante ist, sehr reduziert und banal ausgedrückt: die 22 500 Kilogramm in einem Entwicklungsland anzubauen, um sie dann an die Tiere in den Industrieländern zu verfüttern.

Es gibt also neben den Tieren und der eigenen Gesundheit etliche Gründe, die es sinnvoll machen, den Konsum von Fleisch und Wurst zu reduzieren oder, wie manche das tun, sich längerfristig für ein *Bleiben lassen durch Ersetzen* zu entscheiden.

Wer das möchte, sollte unbedingt *ersetzen* - aus zwei Gründen: um sich ausgewogen zu ernähren und um die Freude an abwechslungsreichem Essen zu erhalten.

Sehr empfehlenswert zur Information für Einsteiger ist das „Vegetarier Handbuch" von Bernd Höcker, erschienen im Höcker Verlag Hamburg.

Raffinierte Rezepte findet man im Buchhandel, oder in Zeitschriften am Kiosk: „Vegetarisch Genießen" (www.vegetarisch-geniessen.com) **und „Vegetarisch fit"**

Manches braucht man nicht zu ersetzen: zum Beispiel den Besuch eines Stierkampfs

Wenn es nicht um Nahrung oder Kleidung geht, ist Tierschutz manchmal auch nicht Ersetzen, sondern Verzicht. Aber: Muss man zum Beispiel einen Stierkampf gesehen haben, wenn man in Spanien Urlaub macht? Nur weil behauptet wird, das abscheuliche Schauspiel sei Tradition? Selbst in Spanien haben sich bei einer Umfrage nur 17% der

Fernsehzuschauer dafür ausgesprochen, Stierkämpfe im Fernsehen zu übertragen – 83% möchten die Metzelei nicht sehen.

Die Tradition ist eigentlich eine Industrie, die 75 Millionen Euro im Jahr umsetzt. Durch Touristen, die sich das einmal anschauen, damit man das mal gesehen hat, und vor allem durch Souvenirs. Ein Auszug aus einem Artikel für den *STERN*, der zusammen mit meinem Kollegen Herbert Uniewski entstanden ist:

Minutenlang sticht der Junge auf den Stier ein, der eigentlich erst ein großes Kalb ist. Zuerst versucht er, den Degen in den Rücken des jungen Tieres zu stoßen, um das Herz zu treffen. Doch zwei, dreimal dringt die Klinge nur ein Stück weit ins Fleisch. Bei der vierten Attacke schießt die Schneide bis zum Heft durch den Körper und ragt schließlich seitlich des Körpers heraus. Der Stier beginnt zu wanken. Wieder und wieder rammt der Torero eine Stichwaffe ins Genick des kleinen Stieres, um ihn durch einen Treffer ins Rückenmark zu Fall zu bringen. Neunzehn Mal stößt der Nachwuchstorero zu, bevor das Rind zu Boden geht. Helfer töten ihn schließlich mit einem Messer.

Eine überhaupt nicht seltene Szene aus einer Talentschau in Südspanien, bei der Stierkampfschüler zeigen dürfen, wie weit sie es auf dem Weg zum Matador gebracht haben. Bereits ab vierzehn Jahren, nach einer Grundausbildung an Attrappen, üben Kinder in kleinen Schlachthöfen an Kälbern den Todesstich. Oft jahrelang.

Viele der Jungen mit dem Traum von Reichtum und Ehre werden in zweit- und drittklassigen „Corridas" später tausende von Stieren zu Tode quälen. Zum Beispiel in der Arena von Marbella.

Als wir dort gefilmt haben, saßen nur knapp hundert Touristen aus dem Nobel-Ort und den benachbarten Ferienorten auf den Rängen. Offensichtlich aber genug, ***um den schrecklichen, unnötigen Tod von drei jungen Stieren zu finanzieren.***

Ein Stier wird für einige Touristen zu Tode gequält

Heimliches Bild, wie ein Pferd nach der „Corrida" mit Stangen in einen Anhänger geprügelt wird.

Auch die beteiligten Pferde überleben das Gemetzel in einer Arena im Durchschnitt nur zwei Jahre. Die Mehrzahl stirbt noch nicht einmal an Verletzungen, sondern an Herzversagen, verursacht durch die ständige Angst.

Stierkämpfe erinnern den feinsinnigen Besucher schnell an das alte Rom, vor allem wenn jene, die Profit damit machen, „Traditionen" vorschieben. Vor zweitausend Jahren hat man dort Menschen zu Tode gequält, um die Schaulust der Massen zu befriedigen.

Aber auch in Teilen Spaniens ist der blutige Stierkampf verboten, Sie werden in Barcelona nicht auf Gegenliebe stoßen, wenn Sie nach einem solchen Schauspiel fragen.

Mittlerweile ist bekannt, was oft schon im Vorfeld solcher Kämpfe abläuft:

Auch hinter den Kulissen der ohnehin schon schrecklichen Corridas geht es unglaublich grausam zu. Wirke ein Stier zu zahm, stoße man ihm Nadeln in den Körper, manchmal direkt in die Hoden oder in den After. Sei er zu kräftig und wild, werde er nicht nur durch die Lanzenstiche der „Picadores" in der Arena, sondern schon vor dem ohnehin ungleichen Kampf geschwächt: Die Hörner werden bis auf die hochempfindlichen Nerven abgeschliffen, dem Tier werden Drogen verabreicht, die Augen werden mit Vaseline verschmiert. Mitunter lässt man auch schwere Sandsäcke auf den Rücken eines zu wilden Bullen fallen, um die Nieren zu schädigen. Urlauber, die mal einen Stierkampf erleben möchten, ahnen nichts von diesen Praktiken. ... Stierkampf ist längst nicht mehr Brauchtum, wie seine Verfechter beteuern. Ein Zirkel von Profiteuren – Züchter, Bankiers, Aristokraten, Medienmagnaten und Spitzen-Matadores – macht Umsätze in dreistelliger Millionenhöhe.

Stierkampf ist ein sehr typisches Beispiel für Tierschutz durch ***Bleiben lassen***. Aber nur eines von vielen, auch für die „schönste Zeit des Jahres", den Urlaub. Meine Bitte:

- besuchen Sie niemals einen Stierkampf. Es gibt diese Tierquälerei in Spanien, Südfrankreich, Mexiko und Südamerika.
- kaufen Sie keine Souvenirs, die mit Stierkämpfen irgendwie im Zusammenhang stehen.

Mit Souvenirs sollten Sie generell vorsichtig sein. Vor allem, wenn es sich dabei um Tiere oder Teile von Tieren handelt, ist ***bleiben lassen*** in der Regel die beste Kaufentscheidung. Auch im eigenen Interesse: Oft bringen tierische Souvenirs Sorgen am Zoll.

Wenn Sie sich mit Tierschutz beschäftigen, werden Sie in jeder Situation bestimmte Dinge bleiben lassen wollen. Denn mit etwas Information im Hintergrund wissen Sie, um beim Beispiel Urlaub zu bleiben: Bei Schauspielen oder „sportlichen Veranstaltungen", bei denen Tiere „benutzt" werden, spielt sich oft viel Tierquälerei im Hintergrund ab. Das gilt nicht nur für Stierkämpfe, sondern auch für Wanderzirkusse, Tierschauen oder „sportliche" Veranstaltungen wie Pferde- oder Windhundrennen: Bei Windhundrennen zum Beispiel geht es – ähnlich wie beim Stierkampf - um sehr viel Geld.

Einige kurze Auszüge aus unserem Bericht zum Thema (2001):

Dublin, Irland. Hochstimmung im „Shelbourne Park Greyhound Stadium": Das Finale ist in vollem Gange. Die Wetteinsätze gehen in die Millionen. Das Preisgeld für den Sieger: 150 000 Euro.

Wie schnell ein Hund ist, bestimmt schon beim Züchter seinen Preis, denn nur Sieger sind gefragt. Deshalb testen Züchter ihre Hunde. Wer sich vom falschen Hasen abhängen lässt, ist ein „Looser" – sein Schicksal ist besiegelt. Als wir solche Tests auf einer Rennbahn in Limerick/Irland filmen und fotografieren, entfernt man uns mit Gewalt. Der Grund: Sechs- bis achttausend „Looser", die sich nicht für Rennen eignen, werden in Irland jedes Jahr getötet, oft mit brutalsten Methoden, so Marion Fitzgibbon von der Tierschutzorganisation ISPCA. „Manchen ist die Kugel zu schade…". Oft werden die „Versager" einfach ausgesetzt. Manche verhungern. „Beauty" haben wir zum Tierarzt gebracht und anschließend zum Avalon-Projekt der deutschen Tierschutzorganisation PRO ANIMALE. Beauty lebt mit vielen „Loosern" auf Avalon in Irland.

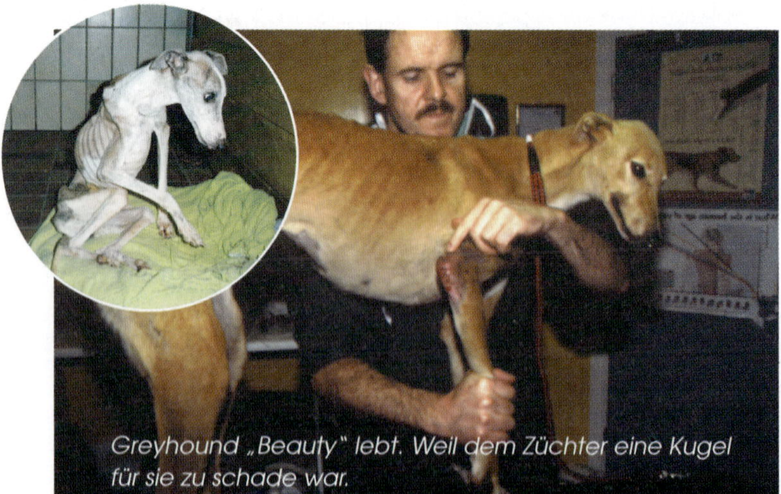

Greyhound „Beauty" lebt. Weil dem Züchter eine Kugel für sie zu schade war.

„Pro Animale e.V." (Johnna Wothke) unterhält Gnadenhöfe in vielen Ländern Europas. Kontakt: Heugasse 1, 96231 Uetzing, Tel. 09573-6681, Fax: 09573-6623

Windhundrennen gibt es vor allem in Irland und Spanien. In Spanien blüht den so genannten „Galgos", die etwas kleiner sind als Greyhounds, Furchtbares, wenn Sie auf der Rennbahn oder bei der Jagd versagen: Züchter und Jäger hängen sie an einer Schlinge um den Hals an einem Baum auf. So, dass die Hinterläufe gerade noch knapp den Boden berühren – der Tod soll eine Strafe sein und langsam kommen, qualvoll.

Diese wenigen Beispiele, aus dem häuslichen Umfeld und aus Urlaubsländern, können nur andeuten, was ich mit *Tierschutz durch Bleiben lassen* meine. Oft ist die beste Methode, Tiere zu schützen: *Etwas einfach bleiben zu lassen, was Tieren schadet. Keinen Eintritt zu zahlen für „sportliche" Veran-*

staltungen oder die Zurschaustellung von Tieren. KEIN Souvenir tierischen Ursprungs zu kaufen. Dem Kind keinen Kescher für den Urlaub zu kaufen, der viele Fische und Krebse das Leben kostet. Eine Schnecke nicht zu zertreten. Tierische Produkte - ob in Ernährung, Kleidung, Kosmetik, im Fahrzeug und so weiter – durch tierfreundliche oder tierfreie Produkte zu ersetzen.

Das kann jede(r), jeden Tag, ohne Mühe. Die Reihenfolge ist immer dieselbe: *Sich informieren, dran denken, bleiben lassen oder Bleiben lassen durch Ersetzen.*

Wenn Sie das in allen Lebensbereichen beherzigen, sind Sie ein Tierfreund.

Weil Tierschutz ein Gedanke ist, kann es Ihnen aber passieren, dass es vereinzelt Situationen gibt, wo *Bleiben lassen* nicht genügt, sondern man etwas *tun* muss:

„Die Sache der Tiere steht höher für mich als die Sorge, mich lächerlich zu machen“.

Emile Zola, franz. Schriftsteller

Sich informieren
Dran denken
Bleiben lassen
IV. TUN
Sich engagieren?

Zuständig sein

„Tun“ heißt: *Bleiben lassen, was Schaden anrichtet,* und *tun, was notwendig ist, um* von Tieren *Schaden abzuwenden.*

Augen zu und durch...

Mir ist eine Autofahrt spät an einem Abend im Frühling im Gedächtnis. Es herrschte reger Verkehr auf der Straße. Die Fahrbahn war nass vom feinen, aber scheinbar nicht enden wollenden Dauerregen. In einem Waldstück, in dem feine Menschen Krötenzäune am Rand der Straße gebaut hatten, bremsten einige Fahrzeuge vor mir, scheinbar ohne jeden Grund und beschleunigten dann wieder. Einige Meter weiter war klar, wieso manche Autofahrer ihre Geschwindigkeit reduziert hatten: Der Krötenzaun war offenbar beschädigt: Hunderte von Kröten versuchten, die vielbefahrene Straße zu überqueren, ein tödliches Unterfangen für fast alle. Bei näherem Hinsehen zeigte sich, dass bereits die ganze Straße übersät war mit zerquetschten Kröten, aber auch verletzten Tieren. Manche schleppten sich mit halb abgerissenen oder abgefahrenen Beinen Zentimeter um Zentimeter dem Tod näher, andere starben unter Qualen an ihren Verletzungen. Details, nur für das einzelne Tier von Belang. Alle Fahrzeuge fuhren weiter. Manche überrollten die Kröten etwas langsamer, so, als wollten sie ihrem eigenen Gewissen dort Rücksicht signalisieren, wo eigentlich nur Egoismus und Gleichgültigkeit zum Ausdruck kamen: **niemand fühlte sich *zuständig*.**

Tribut an die Straße? „Übersehene" Tiere, keine Sympathie, keine Rechte. Auch im Gesetz ist der Tierschutz im Straßenverkehr übersehen worden.

Niemand war zuständig

Die Überlegung, was getan werden könnte, hätte vielleicht länger gedauert, als das Verdrängen des Tötens. Oder: So wichtig sind die Kröten nun auch wieder nicht.

Unterlassene Hilfeleistung?

Ja, was hätte man tun können? Anhalten, die Warnblinkanlage einschalten, die „Unfallstelle" absichern, und die Polizei rufen zum Beispiel. Warum nicht? Weil wir von *unterlassener Hilfeleistung* nur in Verbindung von Menschen sprechen?

Oder steht dahinter auch die Angst, sich wegen Kröten oder solchem Getier lächerlich zu machen? Dass andere das „nicht gut finden"? Ist diese Sorge, größer, als die Besorgnis um das Wohl der Tiere? Oder fühlen sich die meisten Menschen einfach nicht zuständig? Manche fühlen sich wohl auch *hilflos.*

Tun = Eingreifen, wenn nötig.

Wie die Geschichte mit den Kröten ausging? Ein Anruf bei der Polizei wirkte überhaupt nicht lächerlich. Die Polizei bedankte sich für den Anruf um 23 Uhr und benachrichtigte sofort den Bund Naturschutz, der den Krötenzaun kurze Zeit später reparierte.

In manchen Fällen bedeutet Tierschutz: Bleiben lassen, bzw. ersetzen, ein andermal ist es nötig einzugreifen.

Eingreifen und verhindern: Tun erfordert Mut

Ja, auch anzuhalten, um einmal einer einzelnen Kröte über die Straße zu helfen, erfordert für viele Menschen schon einen gewissen Mut: Es kann passieren, dass andere vorbeifahren, verständnislos den Kopf schütteln, Ihnen gar „den Vogel zeigen".

Vorbeigehen oder Tun

Wenn Sie hilfsbedürftige Tiere sehen, ist es vielleicht manchmal so, dass Sie gern etwas tun würden - aber was? Ein Beispiel: Sie sehen streunende Tiere im Urlaub. Ins Hotel dürfen die Tiere nicht, sie anzufüttern ist keine Dauerlösung. Sie können aber beispielsweise die örtliche Tierschutzorganisation benachrichtigen und finanziell unterstützen, damit eben diesen Tieren geholfen wird.

Wenn Sie bei uns verwahrloste Kühe auf einer Weide sehen, die vielleicht noch nicht einmal Wasser zur Verfügung haben, können sie natürlich einfach daran vorbeigehen. Sie können aber auch beim Bauern nachfragen, oder beim Veterinäramt anrufen.

Vom Auffallen.

Vielleicht wäre Ihnen früher gar nicht aufgefallen, dass die Kühe durstig sind.

Vielleicht *fällt* Ihnen eine Kröte auf der Straße auch erst dann *auf*, wenn Sie den Tierschutzgedanken in Ihrem Herzen tragen.

Wenn Sie zum Wohle des Tieres handeln, kann es Ihnen passieren, dass Sie selbst *auffallen*. Den Menschen, die Ihr Tun gutheißen und auch jenen, die Ihr Handeln abschlägig mit eindeutigen Gesten werten.

Tu doch mal einer was...: Sich einmischen?

Daisy: gefunden auf einem Fabrikareal bei den Dreharbeiten zu „Stierkampf" ZDF

Vielleicht haben auch Sie schon beobachtet, wie jemand seinen Hund auf offener Straße schlägt. Weil wir uns bei Hunden zuständiger fühlen, als bei Kröten oder Schweinen, überlegen die meisten Menschen schon, ob sie etwas sagen sollen, um dem Schlagen Einhalt zu gebieten. Doch bis sie überlegt haben, *ob* und *wie* sie *sich einmischen* sollen, ist der Mann mit dem Hund meistens seines Weges gegangen.

Tun hat eine Signalwirkung

Wenn Sie einer Kröte über die Straße helfen oder sich einmischen, wenn jemand seinen Hund schlägt, fallen Sie in letzter Konsequenz vielleicht auch auf, weil Ihr Tun andere Menschen an längst verdrängte, unliebsame ethische Pflichten erinnert. Etwa die Pflicht, sich als moderner, denkender Mensch sozial zu verhalten, auch gegenüber Tieren. Ich sage bewusst „auch gegenüber Tieren“, denn wenn ein alter Mensch auf der Straße fällt oder ein Kind geschlagen wird, halten sich viele auch erst einmal heraus, oft nur, um nicht aufzufallen.

Sich für einen Schwächeren einzusetzen erfordert das Gefühl, zuständig zu sein, und den Mut, das auch in die Tat umzusetzen.

Wenn Sie eingreifen, kann das anderen Menschen auf unangenehme Weise klarmachen, dass sie selbst nicht den Mut hatten, zu handeln und sie ermutigen, sich das nächste Mal in einer solchen Situation anders zu verhalten.

Tun = Nachfragen.

Von Mut sprechen wir, wenn sich jemand mit einem Gummiseil am Bein von einer hohen Brücke fallen lässt. Denn tatsächlich - ein solcher Mensch ist entweder tollkühn oder eben mutig.

Doch Mut ist relativ. Trauen Sie sich, in Ihrer Lieblingspizzeria nachzufragen, woher Luigi die Eier bezieht, mit denen er die Nudeln macht?

Oder ist Ihnen das peinlich, möchten Sie sich nicht den Abend vermiesen, in dem Sie den Wirt womöglich in eine unangenehme Diskussion verstricken?

Tun heißt, nachzufragen und auch, anderen Menschen dadurch seine Meinung mitzuteilen. Das hat Wirkung - und Signalwirkung.

Eingreifen, einmischen und nachfragen - oft entscheidet das WIE.

Nehmen wir an, Sie wohnen öfters in einem Hotel. In der Regel essen Sie wahrscheinlich, was die Speisekarte eben hergibt. Aber nehmen wir einmal an: Sie essen zu Hause grundsätzlich keine Eier, die aus der Käfighaltung stammen, sondern nur solche aus Freilandhaltung. Und Sie essen auch noch gerne Eier. Nachdem Sie den Tierschutzgedanken in sich tragen, werden Sie auf die Eier im Hotel verzichten, weil die aus Käfighaltung stammen, wie man Ihnen mitgeteilt hat. Oder: nachfragen, ob es nicht vielleicht auch andere gibt.

Wenn Sie nun, anstatt dem Hoteldirektor oder Küchenchef Vorwürfe über seine unmoralischen Einkäufe zu machen, sagen: „Ich esse aus Gründen des Tierschutzes keine Eier aus Käfighaltung, aber ich esse gern Eier zum Frühstück. Wäre es Ihnen wohl möglich, mir Eier aus Boden- oder Freilandhaltung zu beschaffen, ich wüsste das sehr zu schätzen...", wird man Ihnen in jedem anständigen Hotel das tierschutzgerechtere Produkt beschaffen.

Darüber hinaus hat Ihr Wunsch Signalwirkung: Auch, wenn es dem Küchenchef bisher nicht wichtig war, wird es ihm *auffallen*, dass ein Gast nach Eiern aus tierschutzgerechter Haltung fragt.

Manchmal kann die Wirkung einer solchen Nachfrage überraschend erfreulich sein:

1994, Dreharbeiten zu Wanderzirkussen auf der Insel Sylt. Auf die Nachfrage nach Eiern aus Freilandhaltung erscheint die Direktorin, hört sich die Argumente für den Wunsch an, und lässt die gewünschten Eier besorgen.

Einige Wochen später erreicht uns ein sehr erfreulicher Brief der Hoteldirektorin: „Wir haben uns entschieden, künftig nur noch Freilandleier zu servieren, mit freundlichen Grüßen..."

Diesselbe Reaktion 2005 im „Kinderhotel Löwen" in Serfaus/Tirol: Einmal auf den Wunsch und die Gründe dafür aufmerksam gemacht, beschloss auch hier der Direktor, künftig nur noch Freilandeier zu servieren.

Andere Menschen dort abholen, wo sie stehen...

Wir waren einmal zu dritt in einem Restaurant. Ein Kollege, eine engagierte Tierschützerin aus Österreich und ich. Nach dem Studium der Speisekarte zitierte die Dame den Wirt an unseren Tisch und eröffnete ihm: „Fleisch ist Mord. Wie können Sie bloß so viel Fleischgerichte anbieten?" Die Folge war ein peinliches Schweigen auf Seiten des Wirtes: Er war hoffnungslos überfordert mit diesem pauschalen Vorwurf.

Andere Menschen da abholen, wo sie stehen, meint im Grundsatz: Andere Menschen nicht von vornherein zu überfordern. Sie können in einem Restaurant verkünden: „Fleisch ist Mord." Wie nicht anders zu erwarten, werden die meisten Menschen darauf mit Unverständnis reagieren, Ihre Meinung erst einmal ablehnen, noch bevor sie darüber nachdenken.

Sie können dem Küchenchef natürlich auch sagen: Ich würde mir wünschen, dass bei Ihnen noch mehr vegetarische Gerichte auf der Speisekarte stünden. Wir und viele unserer Bekannten essen gern hier und würden dann sicher öfters kommen. Man kann davon ausgehen, dass diese Variante wirkungsvoller ist, weil ein kluger Wirt darüber nachdenken wird, mehr vegetarische Gerichte anzubieten. Die Atmosphäre ist offen. Vielleicht fragt er Sie auch, weshalb Sie kein Fleisch essen und Sie haben die Gelegenheit, mit ihm in einer Situation über Tierrechte zu sprechen, in der sein Bewusstsein zugänglich für Ihre Argumente ist.

Denn, so glaube ich, es verhält sich mit dem Fleischessen ähnlich wie mit dem Rauchen: Wer hört schon damit auf, nur weil ein anderer ihn davon überzeugen möchte? Selbst wenn der andere mit seinen Argumenten Recht hat - es gibt einfach Entscheidungen, die jede(r) einzelne für sich selbst treffen muss. So auch, was Fleischessen und Vegetarismus angeht.

Die einfachste Methode, andere zum Nachdenken zu bringen, ist oft: Es einfach selber konsequent so zu machen, wie man es für richtig hält. Jemand, der missioniert und schulmeistert, bringt zumeist seine Mitmenschen nicht vom Fleischkonsum ab, sondern degradiert sich oft nur vom „gerngesehenen Gast" zu einem unerwünschten Querulanten. Wenn Sie zu einem Essen eingeladen sind und andeuten: „Für mich bitte kein Fleisch", hören Sie schon auch mal die neugierige Frage: „Warum nicht?".

Längst ist die vegetarische Ernährung der „Körnchenecke" entwachsen und „salonfähig" geworden. Viele der bekanntesten Schauspieler Hollywoods bekennen sich heute offen zur vegetarischen oder veganen Ernährung.

Bevor du dich daran machst, die Welt zu verbessern, gehe drei Mal durch dein eigenes Haus.

Chinesisches Sprichwort

Sich informieren
Dran denken
Bleiben lassen
Tun

IV. Sich engagieren?

Sich einsetzen für eine Sache

Nachzufragen und zu diskutieren rückt uns schon sehr in die Nähe von *Engagement* für eine Sache. „Engagement" ist ein Wort, das wir oft mit „Vereinstätigkeit" in Verbindung bringen - aber Engagement kann auf vielerlei Art und Weise stattfinden.

Wenn Sie bleiben lassen, was Tieren schadet, und tun, was Tieren nützt, setzen Sie sich bereits in einer sehr effektiven Weise für Tierrechte ein.

Die Art, wie, wann und wo Sie sich einsetzen, bestimmen Sie selbst, ebenso wie das Maß und die Form Ihres Engagements. Es beginnt schon damit, dass Sie einer Freundin von einer Jacke mit Pelzbesatz abraten.

„Dagegen muss man etwas tun..."

Viele Menschen, die vom täglichen Leid unserer Tiere erfahren haben, verspüren das dringende Bedürfnis, über ihren eigenen Bereich hinaus gegen den Missbrauch unserer Mitgeschöpfe vorzugehen. *Sich zu engagieren.*

Aber wo und wie? An wen kann man sich wenden?

Das kommt vor allem darauf an, was Sie über Ihren eigenen Bereich hinaus für Tiere tun möchten und können.

Ich sage bewusst auch *tun können.* Das richtet sich nach Ihren Möglichkeiten - nicht nur in zeitlicher und finanzieller Hinsicht, sondern auch im Hinblick auf Ihre psychische Belastbarkeit und Ihre körperliche Verfassung. Wenn Sie achtzig Jahre alt sind und gehbehindert, werden Sie vermutlich nicht an Protestaktionen im Ausland teilnehmen können. In diesem Fall können Sie eine Organisation oder einen Verein, der Ihre Ziele verfolgt, durch schriftliche Tätigkeiten oder Spenden unterstützen. Wenn Sie Zeit haben und mobil sind, gibt es wieder andere Möglichkeiten.

Was ist mein Ziel - und was kann ich dafür tun?

In der Betriebswirtschaft gilt der Grundsatz: „Kein Weg ohne Ziel". Machen wir uns diese Erkenntnis auch für unser Engagement zunutze: Welches Ziel verfolgen Sie, wenn Sie sich über Ihren eigenen Bereich hinaus für Tiere einsetzen? Wie und wo Sie sich angagieren, hängt natürlich von Ihrer eigenen Einstellung ab:

Tierschutz und Tierrechte - zwei paar Stiefel?

Eigentlich nicht. Eine strikte Trennung gibt es auch gar nicht. Denn meistens setzt sich der, der Tierschutz macht, auch in der einen oder anderen Form für Tierrechte ein. Das heißt, man sollte auch bei einer Organisation nicht den Namen, sondern deren Tätigkeit als Maßstab nehmen. Und auch nicht jene in Schubladen einordnen, die sich hier oder dort engagieren. Generell geht der Trend in den letzten Jahren bei fast allen Organisationen, unabhängig von ihrer sonstigen Tätigkeit, hin zur Forderung von Grundrechten für Tiere.

In der Praxis bezeichnen sich aber doch mitunter die einen als Tierschützer, die anderen explizit als Tierrechtler - bis hin zu Organisationen, die sich durch diesen Begriff im Namen unterscheiden. Das heißt aber eben nicht, dass sich die Mitglieder eines örtlichen Tierschutzvereines nicht für Tierrechte einsetzen oder es unter den Mitgliedern und Mitarbeitern keine Vegetarier gibt.

Die Tierschutzbewegung

Ein Schwerpunkt im klassischen Tierschutz ist es, konkrete Verbesserungen für Tiere zu erreichen. Was die Ernährung betrifft, zielt das Engagement auf ein artgerechtes Leben für Tiere ab, einen kurzen, schonenden Transport sowie eine möglichst schonende Schlachtung.

Verbände, die zwar Fleischkonsum nicht generell ablehnen, aber dennoch für Tierschutz und Tierrechte eintreten, sind, zum Beispiel der *Deutsche Tierschutzbund e.V.* in Deutschland, die *RSPCA* in England oder die weltweit tätige *Humane Society of the United States*, um nur einige zu nennen.

Im Rahmen der Tier***schutz***bewegung sind die meisten Tierschutzvereine und Tierheime entstanden. Die örtlichen Tierschutzvereine sind diejenigen, die in der Regel Feuerwehr, Krankenhaus und Asyl für Tiere sind: Ist ein Hund in Not, kommt der Tierschutzverein. Der Hund findet sofort Aufnahme, Pflege und eine gute Behandlung im Tierheim. Dieses Engagement ist für die einzelnen Tiere wichtig und genauso unverzichtbar, wie das der *Tier**rechts**bewegung.*

Tierheime

Die altehrwürdigen Tier*schutz*organisationen, wie der Deutsche Tierschutzbund e.V., sind auch die Dachorganisationen der Landesverbände und der örtlichen Tierschutzvereine, in Deutschland sind das etwa 800. Dort wird Schwerarbeit geleistet: Tierheime sind die letzte Zuflucht für all die Tiere, die keiner mehr will oder die beschlagnahmt werden. Tierheime sind allerdings nicht dasselbe wie Gnadenhöfe. Jedes Jahr, besonders zur Urlaubszeit, werden hunderttausende von Tieren ausgesetzt. Die Tierheime nehmen diese Tiere auf und versuchen, sie wieder zu vermitteln. Aber es müssen auch immer wieder Tiere eingeschläfert werden, so bitter das für alle Beteiligten ist. Die Tierheime kämen sonst schnell in die Situation, keine Tiere mehr aus Notsituationen heraus aufnehmen zu können – viele Tiere hätten dann überhaupt keine Chance, an andere tierliebe Menschen vermittelt zu werden.

Eine zugelaufene Katze wird im Tierheim gebadet

Gnadenhöfe

Ein Gnadenhof dagegen schläfert keine Tiere ein, kann dafür aber nur einer gewissen Anzahl von Tieren ein Zuhause geben. Manche haben die Maxime, einfach wenigen Tieren ein würdiges Leben zu ermöglichen, andere möchten eine Begegnungsstätte für Mensch und Tier sein. Ein Beispiel dafür ist das Gut Aiderbichl bei Salzburg, gegründet von Michael Aufhauser. Hunderttausende Menschen besuchen jedes Jahr diesen Gnadenhof, und begegnen dabei Tieren, von denen die meisten aus der „Nutz"-tierhaltung kommen.

Die Einstellung zum Fleischkonsum ist sowohl in den Tierheimen als auch auf Gnadenhöfen sehr unterschiedlich. Hier vermischt sich der klassische Tierschutz mit der Tierrechtsbewegung: Auf vielen Gnadenhöfen werden die eigenen Tiere nicht getötet, andere aber schon gegessen.

Tierrechtsorganisationen

Tierrechtsorganisationen unterhalten zum Teil auch Auffangstationen für Tiere, allerdings nicht in jeder Stadt, sondern oft nur projektbezogen. Sie fordern eine generelle Achtung des Lebens von Tieren. Das heißt beispielsweise, dass die Schlachtung von Tieren zum Verzehr abgelehnt wird. Oder bei Organisationen, die auf eine *vegane* Lebensweise abzielen, dass jeder Verzehr tierischer Nahrungsmittel abgelehnt wird, ebenso wie Kleidung tierischen Ursprungs, zum Beispiel Leder.

PETA (People for the Ethical Treatment of Animals) zum Beispiel ist größte Tierrechtsorganisation der Welt mit Büros auch in Deutschland, Österreich und der Schweiz. Sie setzt sich für die Achtung von Tieren als Mitlebewesen und für *Veganismus* ein. „Veganer" essen und verwenden kein tierisches Produkt. Das sollte man nicht allzu schnell als Extrem abtun: Die Gründe für eine vegane Lebensweise sind es durchaus wert, sie sich einmal näher anzuschauen. Und auch die Alternativen, die es zu tierischen Produkten gibt. Ich kenne Menschen, die vegan leben – und staune mit den Jahren immer wieder über deren robuste Gesundheit.

Jedes Engagement ist wichtig für unsere Tiere

Die Positionen von aktiven Tierfreunden und sogar von Organisationen überschneiden sich zwar manchmal, unterscheiden sich aber zum Teil auch erheblich voneinander. Was nicht heißt, dass es nicht sinnvoll wäre, beispielsweise den örtlichen Tierschutzverein und eine explizite Tier*rechts*bewegung zu unterstützen. Beide leisten wertvolle und unverzichtbare Arbeit.

Um die unterschiedlichen Positionen von Tierfreunden noch einmal zu verdeutlichen, das Beispiel Hühnerhaltung:

Hier fordert der klassische Tierschutz:
„Esst Eier aus Freilandhaltung"

Eine wichtige Forderung für die nähere Zukunft, und für jeden einfach umzusetzen. Dadurch kann Tieren schon viel Elend erspart bleiben.

Eine Tierrechtsorganisation dagegen wird dem Einzelnen raten, Eier generell durch andere Lebensmittel zu ersetzen.

Auch eine Forderung, die durchaus begründet ist: Vierzig Millionen männliche Küken werden jedes Jahr allein in Deutschland vernichtet, weil sie für die Mast nicht rentabel genug sind (siehe Seite 62). Unabhängig davon, ob die überlebenden weiblichen Tiere ihr Dasein in einer Legebatterie fristen müssen oder in einer Boden- oder Freilandhaltung leben dürfen, sterben alle Hühner irgendwann im Schlachthaus, auch jene aus Boden- oder Freilandhaltung.

Im Hinblick auf Fleisch stehen viele Tierschützer und Organisationen auf dem Standpunkt: Fleisch essen ja - aber aus artgerechter Tierhaltung.

Dahinter steht auch die Überzeugung, dass es in absehbarer Zeit ohnehin nicht gelingen wird, die meisten Menschen vom Fleischkonsum abzubringen. Also wird versucht, das Leben der Tiere zu verbessern und das Sterben zu erleichtern. Nicht zuletzt, weil viele Menschen überhaupt nur über diesen Ansatz dazu gebracht werden können, sich mit Tierschutz zu befassen. Nicht selten verbindet aber auch der klassische Tierschutz seit einiger Zeit diese Zielsetzung mit dem Hinweis: „Kaufen Sie nicht nur bewusst Fleisch, sondern essen Sie weniger oder auch mal keines."

„Tierrechtler" dagegen vertreten die Ansicht, der Mensch habe nicht das Recht, dem Tier das Leben zu nehmen, eine Schlachtung ist für sie immer Unrecht. Von „tiergerechter Tötung" halten sie gar nichts.

Ausgerechnet jene, die in den Schlachthöfen arbeiten, geben dieser scheinbar radikalen Denkweise manchmal recht:

> *„Tierschutzgerecht schlachten - wie soll das gehen? Wir können das so schonend wie möglich gestalten, aber mit Tierschutz an sich hat das doch nichts zu tun."*
>
> *Schlachthoftierarzt in Süddeutschland (BR 1989, ZDF 1990)*

Die Maximalforderung ist eine Perspektive

Vielleicht bleibt ein Tierschutz, der Hunden ein Lebensrecht zubilligt, Schweinen aber nicht, tatsächlich langfristig ohne Perspektive. Wohl deshalb gehen immer mehr klassische Tierschutzverbände auch auf das Thema Vegetarismus ein.

Nehmen wir einmal an, Sie stünden auf einem orientalischen Bazar und handeln. Der Verkäufer sagt: 250. Sie sagen: 150. Also wird man sich bei 200 treffen. Sagt er 250, und Sie sagen: 20, so kann es immerhin sein, dass man sich nur bei 100 trifft. Ähnlich ist das mit Maximalforderungen im Tierschutz: Der Vorschlag von vegetarischer oder veganer Ernährung stößt oft erst einmal auf Skepsis oder Ablehnung, und doch stellen mit einer solchen Maximalforderung mehr Menschen ihre Ernährung teilweise oder ganz um, als auf den Hinweis „Achten Sie drauf, wo Ihr Fleisch herkommt" hin.

Engagement: Sich in Ruhe informieren

Sie werden es letztlich nur am Programm und an der Tätigkeit der Verbände sehen können, was sie vertreten. Sie können nur für sich selbst entscheiden, wie die Art und was das Ziel Ihres Engagements sein soll. Wenn Sie sich in einer Organisation oder einem Verein engagieren möchten, sei es tatkräftig oder finanziell, so sollten die Ziele dieses Verbandes Ihren Zielen möglichst weit entsprechen. Oder, falls Sie spenden möchten, können Sie auch Ihren Beitrag aufteilen und mehrere Verbände damit fördern. Wenn es sich um eine höhere einmalige Spende oder Ihr Erbe handelt, so haben Sie die Möglichkeit, die Verwendung *an einen bestimmten Zweck zu binden.*

Im Dschungel der Tierschutzverbände und Initiativen

Wenn Sie zwischen einer oder mehreren Organisationen, Vereinen oder Initiativen auswählen möchten, können Sie sich vorab Informationen zuschicken lassen. Bedenken Sie dabei bitte, dass Ihre Mitarbeit oder Ihre Spende bei einem kleinen Verein oder einer Initiative am Ort genauso wichtig sein kann, wie bei einer großen Organisation.

Schließen Sie generell nicht von der Werbung eines Verbandes auf die Qualität seiner Arbeit. Nicht immer macht der, der die schönsten Broschüren hat, auch den effektivsten Tierschutz.

Maßstab ist nicht die Zukunft, sondern die Gegenwart

Manche Organisation teilt Ihnen in ihrer Informationsbroschüre mit, was sie alles *fordert*. Und was man noch alles *tun will*. Doch, wenn es sich nicht gerade um eine neugegründete Initiative handelt: Messen Sie die Arbeit einer Organisation neben den allgemeinen Zielsetzungen nicht nur an dem, was sie fordert, sondern vor allem an dem, was sie tatsächlich *tut - und erreicht hat.*

Besonders wichtig: Die „Gemeinnützigkeit"

Denn wie überall gibt es auch unter Tierschutz- und Tierrechts-Organisationen die berühmten „schwarzen Schafe". Sie sind zum Glück die seltene Ausnahme.

Dennoch ist es immer sinnvoll, sich zu informieren, bevor man seine Mitarbeit anbietet, spendet oder Mitgliedsbeiträge entrichtet. Ein Hauptindiz dafür, ob ein Verein oder eine Organisation Ihre Unterstützung verdient, ist die ***Gemeinnützigkeit.*** Das heißt, dass ein Verein oder ein Verband nicht eigenwirtschaftliche Zwecke verfolgt. Nicht nur in Deutschland ist das allerdings am Namen der Vereine nicht sofort zu erkennen - was ich persönlich für eine Gesetzeslücke halte, die für gutwillige Menschen zum Fallstrick werden kann. Hier mein Rat:

> ! Unterschreiben Sie keine Mitgliedsanträge an der Haustür oder in der Fußgängerzone, nur weil Ihnen jemand schreckliche Bilder zeigt. Oft handelt es sich dabei um so genannte „Drücker", die professionell für Vereine werben, die nicht gemeinnützig sind. Lassen Sie sich Informationen zuschicken und entscheiden Sie dann. Eine seriöse Organisation wird darauf eingehen und Sie nicht zu einer Unterschrift drängen. Der Zusatz e.V. sagt nichts darüber aus, ob ein Verein gemeinnützig ist:

e.V. - sind das die Guten?

Der Zusatz e.V. heißt lediglich: Eingetragener Verein. Das bedeutet, ein Verein ist beim Amtsgericht als solcher registriert. Der Zusatz besagt nicht zwangsläufig, dass ein Verein gemeinnützig ist - denn dies obliegt einer Entscheidung des Finanzamtes. Bei einem gemeinnützigen Verein finden Sie in aller Regel den Satz **„als gemeinnützig und besonders förderungswürdig anerkannt"** auf dem Briefpapier oder in den Broschüren. Das bedeutet, dass die Finanzen des Vereines in regelmäßigen Abständen vom zuständigen Finanzamt kontrolliert werden. Dabei muss ein Verein nachweisen, dass seine Ausgaben den Zielen entsprechen, die in der **Satzung** vorgegeben wurden. Diese Ziele und die Verwendung der finanziellen Mittel sind die Grundlage dafür, dass ein Verein als gemeinnützig anerkannt wird. Sie können sich von jedem Verein oder jeder Organisation eine **Satzung** zuschicken lassen, wenn Sie das möchten, und auch eine Bestätigung der **Gemeinnützigkeit.**

Übrigens kann auch nur eine Spende an einen als *gemeinnützig* anerkannten Verein von der Steuer abgesetzt werden.

Sie brauchen dazu eine so genannte „Spendenbescheinigung". Ein gemeinnütziger Verein lässt Ihnen diese ohnehin oder auf Wunsch gern zukommen. Auch ein Finanzbericht ist in der Regel zu bekommen, der Ihnen sagt, wofür Spenden und Mitgliedsbeiträge verwendet wurden. Viele Organisationen und Vereine geben zudem eigene Zeitschriften heraus, in denen berichtet wird, welche Projekte betrieben werden, also woran gearbeitet wird. Diese Zeitschriften, die man nicht nur an ihrer Aufmachung messen sollte, bieten oft auch aktuelle Informationen.

Der Spendenrat

Zusätzliche Auskunft über eine Organisation kann Ihnen auch der Deutsche Spendenrat geben. Wichtig hierbei: Beim Deutschen Spendenrat sind zwar große Organisationen, aber längst nicht alle Vereine und Initiativen registriert. Das bedeutet: Wenn Ihnen der Spendenrat keine Auskunft geben kann, muss das noch kein schlechtes Zeichen sein.

Miteinander statt Konkurrenz: Im Mittelpunkt von Tierschutzarbeit, ob national oder international, muss das Wohl des Tieres stehen.

Ein weiterer Maßstab zur Beurteilung eines Vereines oder einer Organisation ist für mich persönlich auch deren Bereitschaft, mit anderen Tierfreunden oder Verbänden im In- und Ausland zusammenzuarbeiten, um Verbesserungen und Rechte für Tiere zu erreichen. Natürlich ist jeder Verband auf Spenden und Mitgliedsbeiträge angewiesen - **dennoch sind viele Tierschutzprobleme nicht auf einen Ort begrenzt, ja oft sogar international,** so dass eine Zusammenarbeit im Hinblick auf ein Ziel zwingend notwendig ist. Konkurrenzdenken zwischen Tierfreunden oder Vereinen sollte daher tabu sein. Während Konkurrenz in der Wirtschaft das Geschäft beleben mag, verzögert sie in einer Tierschutzbewegung nur Verbesserungen oder Rechte für Tiere - und die sollten schließlich das Ziel jeden Engagements in dieser Richtung sein.

Ziele des Engagements, Wege und - das richtige Maß.

Neben einer Vorstellung von Ihren Zielen ist es wichtig, den richtigen Weg und das richtige Maß an Engagement zu wählen. Während es bei Spenden relativ einfach ist, die eigene Grenze abzuschätzen, kann dies bei aktivem Engagement weitaus schwieriger sein.

Eine Auseinandersetzung mit dem Elend unserer Tiere kann den Einzelnen so betreffen, dass er den Wunsch hat, alles, was ihm (oder ihr) möglich ist, zu tun, möglichst schnell, möglichst viel. Oft werden dabei die eigenen Möglichkeiten in zeitlicher Hinsicht überschätzt, und auch die eigene psychische Belastbarkeit, ein Aspekt, der selten bedacht wird.

Wichtig ist, um das noch einmal zu sagen, dass Sie zuerst den Tierschutzgedanken in Ihrem eigenen Bereich umsetzen. Was Sie darüber hinaus tun möchten, sollten Sie sich in Ruhe überlegen. Und sich schließlich dort einsetzen, wo Sie es für sinnvoll halten und in einem Maße, das für Sie überschaubar bleibt.

Nur einen Brief schreiben? Wer liest den schon…

Nicht jeder hat die Möglichkeit oder die Zeit, sich über Achtsamkeit in seinem privaten Bereich hinaus für Tiere einzusetzen. *„Ich kann nicht zwei Stunden am Tag im Tierheim verbringen"*, sagte mir eine Mutter von drei Kindern, *„aber wenn ich von einer Tierquälerei erfahre, mache ich mir schon Luft und schreibe abends mal einen Brief, ans Fernsehen und auch an die Politiker, vor allem."*

Wer liest den schon? Einen einzelnen Brief, von irgendeiner Frau, die in einem Dorf in Süddeutschland lebt… Das mag manchem in den Sinn kommen. Tatsache ist aber: Er wird gelesen. Beim Fernsehen ebenso, wie in der Politik. Und was, wenn es gar kein einzelner Brief ist, der da in Berlin, Wien oder Brüssel eintrifft – sondern viele Menschen *einen* geschrieben haben? Dann reagiert die Politik im Sinne der Tiere. Das hört sich zu einfach an. Man mag es kaum glauben. Aber genau so sind die Spielregeln in einer Demokratie, und sie funktionieren. Unter anderem im Tiertransport haben die Proteste vieler einzelner Menschen immer wieder zu Verbesserungen für die Tiere geführt.

„Wir haben die gesetzlichen Regelungen immer wieder verschärft. Dadurch sind die Transporte für die Spediteure teurer geworden, aber wir müssen auch den Belangen der Menschen in Europa Rechnung tragen".

Sprecher der EU im Interview zum ZDF-Film „Endstation Beirut" 2005

Endstation Beirut - Tiertransporte in den Libanon

„Gebt uns den Film mit den verletzten Rindern, jetzt!" Der libanesische Schiffsagent brüllt, heizt die Stimmung an. Dicht um unser Auto stehen inzwischen etwa zwanzig Männer, und es werden immer mehr. Langsam wird es dunkel an der Viehwaage außerhalb des Hafens von Beirut. Alles wartet auf den Importeur, der Rinder aus Europa für sein Schlachthaus in Beirut bezieht. Auf seinem Betrieb hatten wir Rinder gefilmt, die zuvor, aufgehängt an einem Vorderbein, mit einer Seilwinde aus einem Frachter gezogen wurden.

Die Viehhändler wissen, was auf dem Spiel steht: Schon mehrfach wurden im Fernsehen solche Bilder von Tiertransporten ausgestrahlt. Immer folgten heftige Proteste, immer wieder wurden darauf hin die Vorschriften in Europa verschärft.

2005 wollten wir wissen, ob es den Rindern auf dem Weg in den Libanon heute zumindest besser geht.

Begonnen hatte alles ganz harmlos. Und alles kam anders als geplant. Wir wollten einen Tiertransport von Norddeutschland bis nach Beirut begleiten. Offiziell. Die Fahrt auf dem LKW von Nieder-

sachsen bis in den Verladehafen in Südfrankreich und den weiteren Weg der Tiere auf dem Schiff in den Libanon. 98% aller Rinder, die in den Libanon exportiert werden, werden nur zum Schlachten dorthin gekarrt, also lediglich 2% als Zuchttiere. Man bietet uns in Norddeutschland trotzdem an, Zuchtrinder zu begleiten. Ein Team fährt mit, ich fahre voraus zum Hafen. Der Lastwagentransport verläuft unproblematisch.

Die LKW sind in den letzten Jahren immer wieder verbessert worden. Seit 1990 nach jeder Dokumentation und den darauf folgenden Protesten von Zuschauern und Tierschutzorganisationen.

So wurde bereits 1991 nach unseren Berichten die bis dahin übliche Beförderung von Pferden im LKW auf zwei Etagen verboten. Die Tiere konnten auf dem tagelangen Weg von Polen in die Schlachthöfe Italiens nicht einmal aufrecht stehen - für jedes Pferd eine Tortur.

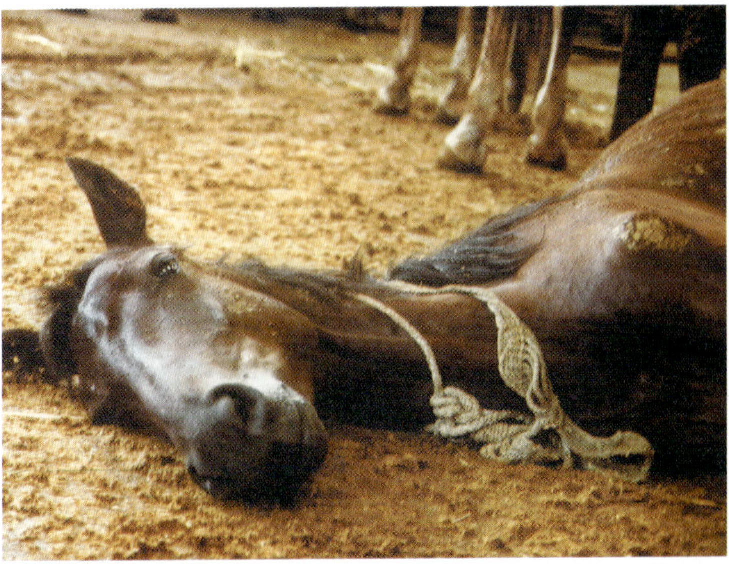

Pferdetransporte: Auf Proteste hin verbessert.

Zu den ersten sehr heftigen Protesten in Deutschland kam es 1991. Anlass war der Film „Keine Rechte für Tiere". Zusammen mit Reiner Rosenfeld, einem befreundeten Biologen, sind damals Bilder von der Schiffsverladung deutscher Rinder in Kroatien entstanden, auch mit Ziel Libanon.

Der Film über das Schicksal eines Bullen hatte die Menschen aufgeschreckt, und auch zur Folge, dass sich die Zuschauer und Leser in den folgenden Jahren mehr für Tierschutz interessiert haben.

Ein deutsches Rind mit gebrochener Hüfte wird auf ein Schiff mit Ziel Libanon verladen, um dort geschlachtet zu werden. Bei einer Million Protesten der Bürger hat man in Bonn 1991 aufgehört zu zählen.

Die Menschen hatten zum ersten Mal gesehen, wie ein Bulle mit gebrochener Hüfte an einer Seilwinde aus einem Schiff gehoben wurde, um anschließend mit einem Gabelstapler wieder in den libanesischen Frachter geschmissen zu werden. Und er war nicht der Einzige an diesem Tag. Viele Menschen waren erschüttert darüber, wie „normal" diese Tierquälerei für alle Beteiligten war. Und verärgert über die Tatsache, dass diese Schinderei auch noch mit EU-Subventionen, also Steuergeldern, finanziert wird. Tierärzte, die die Situation vor Ort überprüft haben, bestätigten, unsere Bilder würden dem Alltag in diesem Hafen entsprechen.

1992 hat man versucht, deutsche Rinder über Rumänien zu exportieren. Drei Tage sollte der LKW-Transport in den Hafen dauern, zwei Tränkepausen waren vorgesehen. Aus den Tränkepausen wurde nichts – die Fahrer hatten noch nicht einmal die Stationen dafür finden können. Die Transporte haben statt der geplanten drei Tage am Ende sieben Tage gedauert. Entsprechend war der Zustand der Rinder.

Auch für uns blieb der Ärger nicht aus: Wir wurden zuerst im Hafen in Rumänien geduldet. Bis die Arbeiter versucht haben, gehunfähige Rinder an einer Kette um die Hörner aus einem Zug zu hieven. Die Hörner sind abgebrochen, die Kopfhaut gerissen. Ein Rind ist aus mehreren Metern Höhe auf den Kai gestürzt. (Achtung! Lebende Tiere! ZDF 1993).

Wir wurden daraufhin verhaftet, die Reisepässe wurden uns weggenommen. Als wir Stunden später gehen konnten, lag das verletzte Rind, das von der Kette gefallen war, noch immer auf dem Kai.

Im Frühjahr 1993 wurden Rinder über Frankeich nach Ägypten exportiert. Sowohl die Bundesregierung als auch die EU hatten bisher nur zögerlich auf unsere Berichte reagiert. Obwohl Veterinäre mehrfach unsere Recherchen vor Ort nachgeprüft und bestätigt hatten.

1993: Hunderte von Rindern waren nach dem LKW-Transport in den Hafen in Südfrnkreich bereits siebzig Stunden ohne Wasser; als sie schließlich auf das Schifff mit dem Ziel Ägypten verladen waren.

46 Rinder sind allein auf diesem Schiff von Südfrankreich nach Alexandria in Ägypten gestorben. Wir konnten das zwar dokumentieren, wurden aber schließlich im Hafen von Alexandria verprügelt, mussten letztlich Ägypten aufgrund einer Mordankündigung unter dem Begleitschutz des Auswärtigen Amtes verlassen.

Die Exporte nach Ägypten wurden nach der Dokumentation für mehrere Jahre gestoppt.

1992 Rumönien: Gehunfähige Rinder werden an einer Kette um die Hörner aus einem LKW gehievt.

Ein Jahr später, 1994, habe ich zum ersten Mal die Zustände bei der Ankunft deutscher Rinder in Beirut öffentlich gemacht. (SAT 1, „Rinder für Beirut" + Sondersendung zum Transport von Pferden und Rindern).

Dem Film folgte eine Sternfahrt mit Großkundgebung in Bonn, organisiert von der Tierrechtsorganisation „Menschen für Tierrechte", dem Deutschen Tierschutzbund und anderen. Auch Reinhard Mey nahm teil.

Österreich hat auf die Dokumentation hin ein bundesweites Gesetz erlassen, das Tiertransporte zum Schlachten auf das Inland und acht Stunden Dauer beschränkt hat.

Die Bundesregierung und die EU haben vor allem Verantwortlichkeiten hin und her geschoben. Es handle sich bei den Bildern um Ausnahmen, hieß es bei der EU, das sei nicht die Regel im internationalen Tiertransport. Wirksame Maßnahmen sind ausgeblieben.

Erst 1996, nach dem Film „Lizenz zum Quälen", hat die EU reagiert. Sechs Millionen Menschen aus ganz Europa hatten bei der EU protestiert, nachdem noch einmal dokumentiert werden konnte, wie im Hafen von Triest in Italien bereits verletzte Tiere auf Schiffe verladen wurden und unter furchtbaren Bedingungen im Liba-

Protestdemo 2000 am Grenzübergang bei Salzburg

non wieder entladen und zu Schlachthäusern gekarrt wurden. Der Präsident des Deutschen Tierschutzbundes, Wolfgang Apel, hat uns bei den Dreharbeiten besucht. Wir wollten einen Zeugen vor Ort, er wollte sich einen Eindruck verschaffen.

Doch nicht nur Tierschützer, sondern auch Landwirte protestierten nach der Ausstrahlung des Filmes gegen diese Behandlung der Tiere. Seriöse Tiertranporteure riefen zu einer Kundgebung gegen die Missstände auf, drohten, die A7 zu blockieren.

1998 gründet Christa Blanke auf die Filme hin die „Animals Angels", die sich vor allem mit Tiertransporten befassen. Kontakt: Mozartstr. 32, 79104 Freiburg, www.animals-angels.de

Auf die Proteste hin wurden die Bestimmungen für Rindertransporte verschärft, in der Folge schrittweise auch die für andere Tiertransporte. Bei Rindern sind Trenngitter in den Lastwagen heute längst Vorschrift, damit die Tiere beim Anfahren und Bremsen nicht übereinander stürzen. Ebenso Wassertanks und Tränkebecken. Während vor zehn Jahren noch überladene Transporter die Regel waren, oft mit verdursteten Tieren auf der Ladefläche, sind sie heute die Ausnahme. Zumindest was Ferntransporte betrifft, und Rinder.

1996: „Lizenz zum Quälen": Sechs Millionen Proteste aus der ganzen EU erreichen Brüssel. Bis aus Japan kommen Briefe.

Doch die Verlademethoden auf Schiffe hatten sich trotz der immer wieder verschärften Gesetze von 1994-2000 nicht verändert.

Im Jahr 2000 filmen wir im Hafen Rasa in Kroatien wieder drei Schiffsverladungen mit Ziel Libanon, wieder werden auf jeden Frach-

ter auch Rinder mit gebrochenen Beinen per Seilwinde verladen. Wie schon 1991, am selben Ort.

2000 wurde der Hafen nach der Ausstrahlung der Bilder in STERN-TV für Tiertransporte gesperrt. Auch die Deutsche Bahn AG hat nach dem Film alle Transporte von Rindern eingestellt – obwohl sie an den Verlademethoden keinerlei Schuld hatte. Wieder wurden auf heftige Proteste hin die EU-Gesetze verschärft: Die Zahlung der Exportprämie wurden in der Folge an die Einhaltung der Tierschutzvorschriften und den Zustand der Tiere bei der Ankunft im Zielland geknüpft. 2004 standen 77 Millionen Euro Subvention bereit, die Auszahlung erfolgt immer nach Kilo. Für Tiere, die verletzt am Ziel ankommen, sollte es keine Subvention aus der EU-Kasse mehr geben.

2005 möchten wir überprüfen, wie sich die neuen Gesetze ausgewirkt haben. Die Lastwagen, so wissen wir, sind sehr viel besser geworden. Wir möchten aber sehen, ob die Transporte für die Rinder auch auf den Schiffen wenigstens erträglich geworden sind – ehe sie schließlich nach fast eineinhalb Wochen im Nahen Osten betäubungslos geschlachtet werden. Den absurden Zweck der Reise sollte man nicht vergessen.

Während ein Kamerateam an diesem Freitag im Juni 2005 einen Zuchtrindertransport aus Niedersachsen nach Südfrankreich begleitet, bin ich im Hafen in Südfrankreich, wo 2005 die meisten Rinder für die Schlachthöfe im Libanon verladen werden.

Eigentlich einen Tag zu früh, der Transport aus Niedersachsen soll erst morgen, Samstag eintreffen. Übermorgen, am Sonntag, sollen die Tiere dann auf das Schiff verladen werden, auf dem wir mitfahren möchten. Alles soll ja besser geworden sein. Davon möchten wir uns überzeugen. „Wir haben die gesetzlichen Regelungen immer wieder verschärft", so der Sprecher der EU-Kommissarin Marianne Fischer-Boel, „dadurch sind die Transporte für die Spediteure teurer geworden, aber wir müssen auch den Belangen der Menschen in Europa Rechnung tragen, und ich glaube, wir haben gute Fortschritte gemacht."

Am Abend des 24. Juni 2005 liegt im Hafen in Südfrankreich noch nicht das Schiff, das wir begleiten möchten, sondern noch immer ein Frachter, der auf verspätete Rindertransporte wartet. Unter Dampf, denn eigentlich ist das Schiff längst beladen und abfahrbereit. 1 100 Rinder und 2 000 Schafe wurden bereits verladen, so die Zahlen, die uns genannt wurden. Die Schafe kommen aus ganz Europa – werden im Hafen direkt von den Lastwagen auf die Viehfrachter getrieben. Rinder haben hier in der Regel eine Nacht Pause. So will es auch das Gesetz: Nach 29 Stunden LKW-Transport müssen die Tiere ruhen.

Die Stallungen am Hafen wurden 2001 neu gebaut: Eine großzügige, moderne Anlage zur Versorgung von Rindern. 400 000 wurden hier seither auf Schiffe in den Nahen Osten verladen.

Wenn allerdings ein Schiff wartet, weil die LKWs zu spät sind, fällt die Nacht im Stall für die Rinder auch mal aus. Das ist legal, wenn stattdessen auf ein Schiff verladen wird. An diesem Freitagabend erreichen zwei Rindertransporte aus Ungarn den Hafen, statt am Nachmittag erst spät in der Nacht. Keine Pause für die müden Rinder: Sie werden hektisch durch den Stall auf den wartenden Frachter getrieben. Die LKW-Fahrer, die die Bullen aus Ungarn angeliefert haben, sind in Eile: „Wir müssen gleich wieder nach Holland, um dort Tiere für Ungarn zu holen", erklärt einer der Fahrer, „Ungarn nach Südfrankreich, dann Südfrankreich nach Holland, dann wieder Holland nach Ungarn, so ist das", sagt er und lacht. Nicht anders also, als früher bei deutschen Transporten: Deutsche Bullen wurden in den Hafen von Triest in Italien geliefert, die Fahrer sind anschließend direkt weiter nach Tschechien gefahren, um wieder andere Rinder nach Deutschland zu holen. Ein Kreislauf, auf Kosten der Tiere und der Steuerzahler. In manchen Jahren wurden fast ebenso viele Rinder exportiert wie importiert.

Abends bietet sich die Gelegenheit, das Viehtransportschiff kurz vor der Abfahrt zu betreten. Auf mehreren Decks sind die über tau-

send Kühe geladen. Die Schafe in eigenen, großen Abteilen, dicht an dicht. Wir sehen kein Tier trinken.

Als wir am frühen Samstagmorgen wieder in den Hafen kommen, ist das Schiff, auf das spät in der Nacht noch eilig die verspäteten Rinder verladen wurden – weg.

Der Frachter, auf den die Kühe aus Niedersachsen verladen werden sollen und den wir eigentlich begleiten möchten, legt an. Als der Zuchtrindertransport aus Niedersachsen schließlich mit dem zweiten Team im Hafen einfährt, plötzlich: Filmverbot. Wir fliegen raus. Weil wir gestern am Abend noch im Hafen gefilmt hätten, heißt es zur Begründung. Obwohl offiziell gefilmt wurde. Ach ja, die Rinder aus Ungarn, die direkt auf das Schiff verladen wurden...

Anstatt wie geplant auf dem Schiff am Sonntag mitzufahren, beschließen wir, nach Beirut zu fliegen. Um die Ankunft des Frachters, dessen Beladung wir unvorhergesehen miterlebt haben, zu dokumentieren.

Doch Vorsicht ist geboten: Bereits vor fünf Jahren, 2000, wollten wir spät am Abend die Entladung von Rindern im Hafen filmen – und sind von den Importeuren bemerkt worden. Wir haben das Land noch in derselben Nacht verlassen.

2005 bin ich das fünfte Mal im Libanon. Trotz der notwendigen offiziellen Genehmigungen ist es schwierig, hier noch einmal „Mäuschen zu spielen" beim Entladen von Rindern. Aber wo ein Wille ist, gibt es auch einen Container, hinter den man sich stellen kann. Der Frachter aus Südfrankreich hat bereits angelegt.

Wir beobachten die Entladung des Schiffes aus Südfrankreich heimlich, möchten wissen, wie mit den Tieren umgegangen wird. Viel verändert hat sich hier offenbar nicht: Zuerst werden die Schafe, dann die Rinder über eine viel zu hohe Rampe vom Schiff auf offene Kipper verladen - wie schon zehn Jahre zuvor.

Es dauert nicht lange, und die Seilwinde über dem Deck bewegt sich: Der Vorderfuß eines Rindes taucht aus der Schiffsluke auf, dann baumelt das Tier hoch über die Schiffsreling der Lade-

fläche des LKW zu. Auch wenn wir dem Ganzen einigermaßen fassungslos gegenüberstehen, ist klar: 2005 werden hier noch immer verletzte Tiere per Seilwinde auf die Lastwagen gehievt, um sie dann mit ihren gebrochenen Knochen auf einen Schlachthof zu karren. Auch hier gilt, wie überall, das Motto: „Die werden ja sowieso geschlachtet".

Beirut 2005: Auf diese Bilder und die neuen Fakten hin hat die EU schließlich alle Subventionen für den Export von Rindern zum Schlachten mit sofortiger Wirkung gestrichen.

Für verletzte Tiere, die nicht mehr selbst aus dem Schiff gehen können, gibt es laut neuen EU-Vorschriften keine Subvention - wenn aus dem Libanon gemeldet wird, dass die Tiere in diesem Zustand angekommen sind. Aber, so fragen wir uns, wer von der Europäischen Union kontrolliert eigentlich vor Ort, wie die Tiere ankommen? Auf Nachfrage in Brüssel: „Wir können auf die libanesischen Handelspartner nur einwirken", so Michael Mann", Sprecher der EU-Kommissarin Marianne Fischer–Boel, „aber wir haben dort vor Ort keine Rechtsgewalt". Vor Ort in Beirut scheint noch nicht einmal jemand aus Europa die Einhaltung der Tierschutzvorschriften zu kontrollieren. Sonst müsste er längst das gesehen haben, was wir hier beobachtet haben und was offenbar mit Routine passiert: Dass verletzte Rinder per Seilwinde aus Schiffen gehievt werden und mit gebrochenen Knochen in Schlachthöfe gekarrt werden, wie eh und je. Eine unglaubliche Tortur für diese Tiere. Wir haben drei Rinder bis zum Schlachthof begleitet – dort wurden wir abgewiesen.

Als wir später noch einmal zu einer Viehwaage außerhalb des Hafens von Beirut gefahren sind, war bei den Viehhändlern längst bekannt, dass wir verletzte Rinder gefilmt hatten. Man hat uns dort festgehalten, das Auto umstellt. Nur durch die schnelle, tatkräftige Hilfe der Polizei von Beirut ist es uns gelungen, der bedrohlichen Situation an der Viehwaage wieder zu entkommen. Die Polizei hat sich eindeutig auf unsere Seite gestellt.

Die Behörden im Libanon haben sich uns gegenüber immer korrekt verhalten, wie auch viele der libanesischen Menschen in all den Jahren freundlich und hilfsbereit waren. Die Quälerei der Rinder hat nichts mit der „Mentalität" der Libanesen zu tun, wie das der Deutsche Vieh- und Fleischhandelsverband 1996 einmal angedeutet hatte. Ursache scheint wohl eher die Mentalität vieler Viehhändler zu sein, egal in welchem Land: grob mit Tieren - und auch mal mit Menschen - umzugehen, .

Vom Libanon selbst habe ich leider nie viel gesehen, denn auch 2005 verlassen wir Beirut wieder einmal mitten in der Nacht. In Gedanken bei den gequälten Kreaturen auf dem Schlachthof.

Die EU hat noch 2005 die Subventionen für den Export lebender Rinder zum Schlachten mit sofortiger Wirkung gestrichen.

Das Problem des Transportes lebender Rinder zum Schächten (= betäubungsloses Schlachten) in den Libanon ist damit aber nicht behoben: Der Libanon bezieht auch Tiere aus anderen Kontinenten, neben Schafen aus aller Welt auch viele Rinder aus Brasilien. **Umso wichtiger ist eine internationale Zusammenarbeit der Menschen, die sich für Tiere einsetzen.**

Engagement: steter Tropfen höhlt den Stein

Beim Handel mit Hunde- und Katzenfellen gibt es einen solchen internationalen Protest. 1996 entstanden unsere ersten Filme und Fotos, 1998/99 weitere. Darauf hin haben die USA die Einfuhr verboten. in den Jahren darauf sind diesem Beispiel auch Australien und einige Europäische Länder gefolgt.

> *Es ist wichtig, ein Importverbot zu haben. Diese Art von Pelz wird üblicherweise verwendet in Spielsachen oder als Futter für Kleidung. Es muss daher noch nicht einmal voll deklariert werden.*
>
> *EU-Kommissar Marcos Kypriano, 2005 im Interview zum Film „Kater Benny vermisst“. (ZDF 2005, CNN).*

Katzenfelle: Zunehmend mehr Importverbote

Auch viele **einzelne** Briefe von vielen **einzelnen** Menschen erreichen ihr Ziel. Ein kleines Engagement mit großer Wirkung. Nötig ist allerdings die Ausdauer, immer wieder einen Brief zu schreiben. Diese Ausdauer bleibt nur erhalten, wenn man mit seinem Engagement im Rahmen seiner Möglichkeiten bleibt. Sich also nicht überfordert, oder überfordern läßt.

Sich aktiv einsetzen?

Sie können als Einzelne(r) viel bewirken, aber nicht alles selbst tun

Ich habe im Lauf der Jahre viele Menschen gesehen, die versucht haben, aus gutem Willen überall tätig zu sein. Ein Amt in diesem Tierschutzverein - ein Mitarbeiten dort. Und tagaus, tagein: Nur Tierleid lesen, sehen und versuchen, es zu beheben. Dabei kann einen das grenzenlose Leid der Tiere erschlagen. Die Folgen eines so genannten „Überengagements" können dieselben sein, wie die bei anderer Überforderung oder Überarbeitung, etwa im Beruf oder im Haushalt: Streit in der Familie, ein Verlust an Lebensfreude. Immer wieder habe ich beobachtet, dass am Ende eines Überengagements, wenn auch aus besten Motiven, die Resignation stand.

Also, Finger weg von Engagement? Nein, eben nicht! Gerade weil das Elend unserer Tiere so groß ist, macht Engagement Sinn. Wichtig ist es, sich dabei die Lebensqualität zu erhalten, damit der gute Wille nicht schon bald der Frustration weicht. Deshalb sollten wir uns - wie bei allem Engagement- einige Fragen stellen. Zum Beispiel:

Warum möchte ich mich engagieren?

Wegen des Tierleids natürlich, könnten Sie sagen. Doch ich bitte Sie an dieser Stelle, auch wenn Sie sich schon engagieren, immer wieder zu reflektieren, weshalb und in welcher Weise Sie das tun.

Wenn sich jemand sehr engagiert, so will ihm niemand die guten Motive dabei in Abrede stellen. Doch gerade, wenn Sie sich sehr für eine gute Sache einsetzen, sollten Sie darauf achten, dass Sie „Ihr eigener Steuermann" bleiben und nicht irgendwann *unbewusste* Motive still und heimlich die Kontrolle übernehmen.

„Ich kämpfe und lebe nur für den Verein"

hatte mir einmal eine Tierschützerin geschrieben. Diese Frau überforderte sich tagtäglich in ihrem Engagement, und es gab eigentlich nichts mehr in ihrem Leben, außer eben Engagement, wenn auch für eine gute Sache. Sie hatte nur noch Augen für das Schlimme, was Menschen Tieren antun und eben - für ihren Verein. Angriffe in Wort und Brief auf jene, denen sie die Schuld an Missständen gab, bestimmten ihren Tag, und zunehmend auch Streit mit Menschen in ihrer Umgebung. Irgendwann sogar mit denen, die eigentlich dieselben Ziele verfolgten: anderen Vereinsmitgliedern und anderen Vereinen.

Den Grundsatz: **Im Mittelpunkt von Tierschutz steht das Wohl des Tieres** hat sie mehr und mehr aus den Augen verloren, die Anerkennung ihrer eigenen Person durch andere hat dagegen immer stärker an Bedeutung gewonnen.

„Überengagement“

Was sind meine Motive? Lenke ich damit mich - beispielsweise - von eigenen Problemen ab? Suche ich nach Anerkennung und übernehme deshalb Tätigkeiten, Pflichten und Ämter, die mich eigentlich überfordern?

Für Menschen, die feststellen, dass ihre eigentlich guten Absichten dazu führen, dass sie sich letztlich heillos überfordern (lassen), gibt es lesenswerte Bücher von Wolfgang Schmidbauer, unter anderem: „Die hilflosen Helfer - Über die seelische Problematik der helfenden Berufe", erschienen im Rowohlt Verlag. Schmidbauer stellt darin nicht die gute Absicht und den Sinn von Engagement an sich in Frage, sondern hilft vor allem, das so genannte „Überengagement" als die Falle zu erkennen, die es ist. Bei einem selbst, aber auch bei anderen Menschen. Seine eigenen Motive zu kennen, ist eine der Grundlagen effektiven Engagements.

Darüber hinaus: Als Tierschützer kritisieren wir vieles und viele. Zu Recht. Dazu gehört aber auch, sein eigenes Handeln und die Art, wie man mit Andersdenkenden umgeht, immer wieder selbstkritisch zu hinterfragen.

"Tierschutz und Menschenschutz sind wie die zwei Seiten einer Medaille".

Professor Lejeune,
Gründer des deutschen Kinderschutzbundes

oder: Wer Rechte für Tiere fordert, muss auch fair mit Menschen umgehen

In Slowenien hat uns einmal eine „extreme" Tierschützerin bei Dreharbeiten zu Tiertransporten begleitet. Allerdings - nur einen Tag lang. Folgendes trug sich zu: Wir saßen in einer Gaststätte in der Nähe der Zollabfertigung. Eine Familie mit drei Kindern wartete am Nebentisch auf das bestellte Essen. Die Kinder langweilten sich - die meisten werden sich erinnern, dass das bei ihnen als Kind auch nicht anders war. Der Junge, er dürfte etwa acht oder neun gewesen sein, quengelte vor sich hin, der Vater mahnte immer wieder zur Geduld. Plötzlich sprang unsere Begleiterin auf und erklärte dem Vater mit Händen und Füßen gestikulierend: „Ohrfeigen braucht der Bengel! Kinder brauchen ab und zu kräftig eins hinter die Löffel!"

Peinliches Schweigen - an unserem Tisch und auch am Tisch der Familie.

Ich erzähle Ihnen von diesem Vorfall, weil ich der Meinung bin, dass auch Aktivitäten für Tiere auf dem Grundsatz *„Respekt vor dem Leben"* beruhen sollten. Und damit den Grundsatz berücksichtigen: **Wer Rechte für Tiere fordert, muss auch fair mit Menschen umgehen.**

„Seit ich die Menschen kenne, liebe ich die Tiere…“

Dieser Satz ist manchmal von Menschen zu hören, die sich Tag und Nacht engagieren, ja, „kämpfen". **Wenn sich jemand angesichts dessen, was Menschen Tieren antun, dabei ertappt, einen regelrechten Hass auf Menschen oder Vorurteile zu entwickeln, sollte die Alarmglocke klingeln: Zeit zur Besinnung.**

Wem kann man noch übel nehmen, wenn er sagt, dass die Chinesen nun wirklich das Letzte sind. Welche Spezies geht mit den Mitgeschöpfen schlimmer um? Ich glaube keine. Pfui Teufel – da bekommt man immer mehr Hass auf diese asiatischen Teufel in Menschengestalt…

Originaltext aus dem Rundbrief eines sehr engagierten Tierschützers, 23.8.06, per e-mail

Ich erlaube mir, hier im Buch darauf mit zwei Zitaten aus China zu antworten. In der Hoffnung, dass H.F. seine Haltung überdenkt:

„Ich finde das nicht richtig, was die mit den Katzen machen…“

Bemerkung der Tochter (19) eines Fellhändlers im Zug von Peking nach Datong in China. Sie war im Glauben, wir seien Geschäftspartner ihres Vaters, also ebenfalls Fellhändler. Die junge Frau hat mit uns kein einziges Wort mehr gesprochen. (RTL „Die große Reportage“, CNN, NBC, BBC, Stern, Washinton Post, 1998/99)

Mich hat dieser kleine, aber mutige Satz nachhaltig beeindruckt. Ebenso wie das Engagement chinesischer Tierschützer, die es ungleich schwerer haben als ihre Mitstreiter anderswo:

> *„Wir dürfen nicht so mit den Tieren umgehen, sie sind doch unsere Freunde...“*
>
> *Betty Z., Verein zum Schutz kleiner Tiere, Peking (ZDF, 2005, „Kater Benny vermisst“)*

Vorurteile sind bequem, aber sie funktionieren nicht. Das haben sie noch nie. **Nur durch die Zusammenarbeit mit Menschen aus aller Welt kann sich für *unsere* Tiere etwas ändern.**

Denn viele der Tiere, die ein chinesischer Katzenschlächter tötet, sterben auch für die Kundschaft in Europa. Für billigen Pelz und billiges Leder.

Befassen Sie sich mit dem Schicksal der Tiere, aber überfrachten Sie Ihre Psyche nicht mit zu viel in zu kurzer Zeit. Halten Sie sich immer wieder vor Augen, dass es viele Menschen gibt, die einfach keine Ahnung von alledem haben – und es vielleicht auch gar nicht möchten. Aktive Tierschützer wissen mehr vom Leid der Tiere als andere, die damit - absichtlich oder weil es „normal" ist - noch nicht in Berührung gekommen sind. Wir sind für dieses Leiden empfänglich, haben Mitgefühl. Trotzdem gibt es eben leider auch Zeitgenossen, denen Tiere allenfalls - wurst - sind. Auf Tierschutz angesprochen, erkennt man solche Leute oft am Satz: „Kümmert Euch doch lieber um Menschen...". So reagieren oft Menschen, die für nichts und niemanden etwas tun, außer für sich selbst. Leider ist vielen Menschen das Schicksal von Tieren nicht sonderlich wichtig, sonst wären die Zustände heute anders, als sie es sind. Neben einem Nicht-Wissen-Wollen und Verdrängen von Tierquälerei rührt diese Gleichgültigkeit oft auch daher, dass viele Menschen tatsächlich zu wenig über das tägliche Elend von Tieren wissen. Für viele, die sich für Tiere einsetzen, ist das ein beinahe unerträglicher Zustand. Es fällt oft schwer, zu wissen was Tieren widerfährt und zu akzeptieren, dass Veränderungen Zeit brauchen. Ein Tier, das morgen früh in den Schlachthof verfrachtet wird, hat nichts mehr von

Verbesserungen oder Veränderungen übermorgen. Das ist traurig, keine Frage. Doch blinder Aktionismus, Gewalt und Hass lösen das Problem nicht. Man kann nicht Tiere lieben und Menschen hassen.

Kind in einem Kinderheim in Weißrussland. (für STERN, 1990). Tiere sind Schwächere. Kinder auch. Bei jedem Engagement sollte die Grundhaltung sein, Schwächeren Hilfe und eine Stimme zu geben.

Vor über fünfundzwanzig Jahren habe ich einen kleinen Tierschutzverein gegründet. Zur gleichen Zeit eine Initiative für Kinder, die später zu einer Terre des Hommes Arbeitsgruppe wurde. Zwar sollte man sich auf ein Engagement konzentrieren, doch Kinderschutz und Tierschutz lassen sich vom Gedanken her nicht trennen, wenn einem Engagement die richtige Haltung zugrunde liegt: dem Schwächeren Hilfe und eine Stimme zu geben. Dabei ist es in einer Situation erst einmal egal, ob das ein Kind, eine Frau, einen alten Menschen oder ein Tier betrifft. Es gibt kein Entweder – Oder, wenn man über Engagement spricht für jene, die sich selbst nicht helfen können.

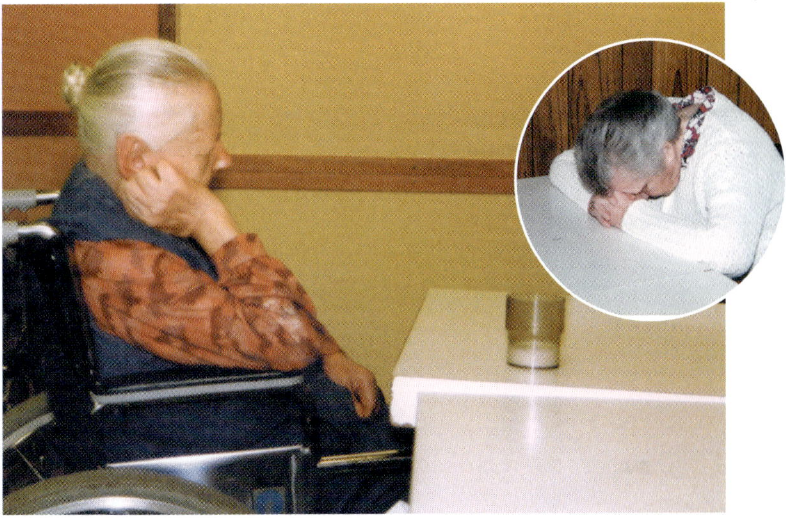

Misstraut allen, in denen der Trieb zu strafen mächtig ist...

Nietzsche

Sogar uns selbst, wenn wir uns beim Gedanken ertappen, andere bestrafen zu wollen für das, was sie Tieren antun. Manche finden sich nicht damit ab, dass Veränderungen Zeit in Anspruch nehmen. Sie antworten auf die tagtägliche Tierqual mit Gewalt. Ihre Sorge, es könnte sich nie etwas verändern, ist groß, und sie ertragen den Gedanken einfach nicht mehr, dass es heute mehr denn je „normal" ist, Tiere zu quälen, sei es in Pelztierfarmen oder Massenställen. Oft steckt hinter Gewaltakten zugleich ein Gefühl der Ohnmacht. Bei der Eier- und Fleischindustrie handelt es sich um gewaltige, überaus mächtige Wirtschaftszweige. Allein die Fleischindustrie in Deutschland verzeichnet Umsätze von unvorstellbaren 40 Milliarden Mark im Jahr.

Bomben gegen Gewalt?

Manche versuchen aus solchen Motiven heraus die Aufmerksamkeit der Menschen durch Gewalt auf das Thema zu lenken. Indem sie beispielsweise die Scheiben von Metzgereien einschlagen, Jägerstände ansägen oder Sprengsätze in (leere) Legebatterien legen. Millionenschäden waren in einem Fall die Folge, Menschen oder Tiere kamen nicht zu Schaden.

Ich bin aber überzeugt davon, dass Gewalt keine Antwort auf Gewalt gegen Tiere sein kann.

Aktion ist nicht gleich Gewalt

Allerdings sollte man Gewaltakte deutlich trennen von Aktionen, die zwar spektakulär, aber gewaltfrei sind. Denn die können sehr sinnvoll sein, wie auch das Beispiel von Greenpeace zeigt. Gewaltlose Aktionen, die die Aufmerksamkeit der Menschen auf ein bestimmtes Problem lenken, sind durchaus sinnvoll und zeugen von Mut.

Ich habe einmal mit der Kamera eine Gruppe von Tierschützern der Organisation „Menschen für Tierrechte e.V." begleitet, als sie in eine Legebatterie eingebrochen sind. Eingebrochen, ja. Aber nicht, um etwas zu zerstören. Sie haben zwei der ausgemergelten Hühner mitgenommen und sich am nächsten Tag selbst angezeigt. Das Ziel: Vor Gericht eine Debatte über „den Akt der Notwehr im Sinne der Tiere" zu entfachen. Natürlich hat die Eierindustrie auf eine Klage gegen die „Einbrecher" verzichtet.

Kontakt: „Menschen für Tierrechte e.v.", Roermonder Str. 4a 52072 Aachen, Tel. 0241/157214, www.tierrechte.de

Diese gewaltlose Aktion hat mich an den bekannten Satz erinnert:

„Wo Recht zu Unrecht wird, wird Widerstand zur Pflicht".

Auch außergewöhnliche Aktionen für die Sache des Tierschutzes sind wünschenswert und verdienen unsere Unterstützung. Tatkräftig oder finanziell. Organisationen wie *Animal Peace* oder die *Tierbefreier e.V.* machen immer wieder gewaltlos durch spektakuläre Aktionen auf das Leid von Tieren aufmerksam.

Kontakt: Die Tierbefreier e.V., Postfach 230207,
01112 Dresden, info@die-tierbefreier.de
Zeitschrift: „Tierbefreiung" (dieselbe Adresse)

Kontakt: animal peace, Postfach 200230
80002 München, www.Animal-Peace.org

Zeitschrift zum Thema: „Freiheit für Tiere", erscheint
alle drei Monate im Brennglas-Verlag, Kreuzwertheim
www.freiheit-fuer-tiere.de / www.brennglas.com

Eines darf bei allen Aktivitäten für Tiere, nicht vergessen werden: **Die Bedingung bei jeder Art von Aktion muss sein, dass sie keinen Schaden für Mensch oder Tier mit sich bringt und ein solches Risiko auch nicht in Kauf genommen wird.**

Denn Tierschutz sollte den Respekt vor dem Schwächeren praktisch umsetzen. Dieser Schwächere ist oft das Tier, aber es sind eben auch Kinder, alte Menschen und eben manchmal auch jene, die wir als „Gegner" betrachten.

„Ich habe durchaus Sympathie für die Tierschützer, es ist manchmal gut, dass Sie auf die Tiere aufmerksam machen. Nur wenn Sie das Privathaus eines Mitarbeiters als Ziel einer Kundgebung benutzen, finde ich das nicht gut, weil das gegenüber den Kindern des Mitarbeiters unfair ist."

Leiter einer Tierforschungsanlage zu Tierrechtsaktionen 2006

Herr, vergib Ihnen nicht, denn sie wissen, was sie tun?

Wenn Sie sich aktiv für Tierschutz einsetzen, werden Sie früher oder später auf jene treffen, die diese Arbeit notwendig machen. Der eine mag Ihr Bruder sein, der Unmengen an Fleisch und Wurst verzehrt.

Oder aber Sie treffen irgendwann auf die Handlanger einer Gesellschaft, die Grausamkeit gegenüber Tieren zulässt. Auf einen, der die Gewalt unmittelbar am Tier vollzieht, indem er es tötet. Was tun Sie? Spucken Sie dem Kerl ins Gesicht?

Sofern wir über „legale" Tierschindereien sprechen, sollten Sie hier differenzieren: Kein Metzger zum Beispiel tötet Tiere zum Selbstzweck, nur zu seinem Vergnügen. Das heißt, Menschen, die in solchen Bereichen arbeiten, wo letztlich Verbraucher einen Auftrag erteilt haben, können Sie zwar verantwortlich machen dafür, *wie* sie etwas tun, aber nur zurückhaltend dafür, *dass* sie beispielsweise Tiere schlachten. Auch kein Tiertransporteur karrt Tiere durch Europa, die niemand bestellt hat. Sie reden als Tierschützer vor Ort oft mit dem kleinsten Glied in einer Kette von Verantwortlichen. Einem, der zwar *mitverantwortlich* ist, *den Sie aber nicht pauschal für alles und jedes verantwortlich machen können.* Sie können einen Tiertransportfahrer bei der Polizei anzeigen, wenn Sie das Gefühl haben, der Transport sei nicht in Ordnung. Sie können den Fahrer dafür haftbar machen, *wie* er Tiere transportiert. Aber nicht dafür, *dass* er es tut. Wie im Rest der Gesellschaft sind darunter Leute, denen alles egal ist und andere, die nachdenken und versuchen, den Tieren ihren Weg zu erleichtern.

„Für die sind das doch bloß Waren. Gerade so, als ob das Kisten wären. Alles andere ist denen scheißegal. Also mir tun die Viecher manchmal schon leid...

LKW-Fahrer mit einem Transport von Rindern aus Deutschland. Interview an der Grenze zu Slowenien, auf dem Weg nach Kroatien zur Schiffsverladung in den Libanon. (SAT 1, 24 Stunden, „Rinder für Beirut", 1994)

„Ich kündige. Ich fahre wieder einen Sattelzug, Plane oder Frigo. Für mich ist das die erste und letzte Fahrt auf einem Viehtransport. Ich kann das nicht sehen mit den Tieren. Wie die einen anschauen, die Augen...“

Deutscher Fahrer, der während eines Transportes hochträchtiger Milchkühe von Deutschland nach Marokko aus Spanien telefonisch gekündigt hat.
(ZDF 37 Grad, „58 Stunden bis Tanger", 1999)

Aber weshalb sollten wir überhaupt mit jemandem reden, der Tiere durch Europa karrt oder jemandem, der sie im Labor als „Tiermaterial" verbraucht oder im Schlachthof tötet? Vielleicht, weil fair mit jemandem umzugehen auch im Tierschutz nicht zwangsläufig heißen muss, seine Meinung zu billigen. Aber: ihm einen eigenen Standpunkt zuzubilligen. Vergessen Sie nicht: Menschen, die Tieren Schlimmes antun, haben das in aller Regel längst verdrängt, zu ihrem eigenen Schutz. Oder sie wissen es nicht besser.

Man muss die Menschen nehmen, wie sie sind - andere gibt´s nicht.
Sprichwort, das es als Autoaufkleber gibt.

Gerade bei Landwirten trifft man oft auf sehr nette Menschen, von denen manche aber für das Tierleid keinen Blick zu haben scheinen. Weil sie es von klein auf gar nicht anders kennen:

„Mein Vater hat so Schweine gehalten, und ich mache es genauso. Ich kenne das gar nicht anders. Was soll denn daran auf einmal falsch sein?“

Schweinezüchter, aus dessen Stall Lina stammt (s. „Linas Geschichte“).(ARD 2000, ZDF 2004)

Aber gerade solche Menschen sind zugänglich, wenn Sie nicht nur kritisieren, sondern argumentieren und Vorschläge machen. Nachdem Sie versucht haben, auch den Standpunkt dieser Menschen zu verstehen.

Dass Sie diese Meinung vermutlich nicht teilen, steht auf einem ganz anderen Blatt. Doch eines kann ich zum Glück sagen: Den *nur guten* oder *nur bösen* Menschen habe ich in all den Jahren noch nicht getroffen. Und: Menschen können ihre Meinung ändern.

„Zehn Jahre lang habe ich Grundlagenforschung an Tieren betrieben. Irgendwann habe ich eingesehen: Das ist alles sinnlos und unethisch“.

Ehemaliger Leiter der Tierforschungsanlage an einer deutschen Universität (SWR, ZDF 2002)

Das soll natürlich nicht darüber hinwegtäuschen, dass Sie bei einem aktiven Engagement für die Rechte von Tieren auch auf Menschen treffen, die Tiere ganz einfach skrupellos ausbeuten um Profit zu machen. Solche Menschen werden weder mit Ihnen sprechen, noch ihre eigenen Motive preisgeben, noch Ihre Argumente hören wollen. Ein Dialog kann in solchen Fällen unmöglich sein.

„Bei mir kommt keiner in den Betrieb. So blutige Bilder will doch sowieso niemand sehen. Und außerdem sollen die Leute das Zeug schließlich fressen und nicht fragen, wo´s herkommt."

Besitzer einer Hühnerschlachterei in Süddeutschland (Anfrage für „Achtung! Lebende Tiere! ZDF, 3sat, 1993)

Sie als Tierschützer sollten Ablehnung und Absagen nicht daran hindern, solchen Menschen Ihre Meinung zumindest zu schreiben, per E-Mail oder Fax zu schicken oder auch nur auf den Anrufbeantworter zu sprechen. **Damit meine ich keinesfalls, sie zu beschimpfen, wie das häufig geschieht.** Nur wenn Sie sachlich Ihre Meinung sagen, wird Ihnen so jemand wirklich zuhören, selbst auf seinem Anrufbeantworter.

Denn: Es sind auch nur Menschen. Selbst wenn jemand das, was Sie zu sagen haben, weit von sich weist oder darüber lacht: Er oder sie kann es trotzdem nicht vermeiden, beim Hören oder Lesen darüber nachzudenken. Sie setzen vielleicht nur einen kleinen Akzent und säen damit doch - vielleicht - einen Gedanken, der die Chance hat, zu wachsen.

Wer kämpft, kann verlieren. Wer nicht kämpft - hat schon verloren.

Chinesisches Sprichwort

Lassen Sie sich nicht entmutigen

Sie können nicht nur in einem Schlachthof oder einer Hundezucht Menschen treffen, mit denen Ihnen der Umgang schwer fällt. Auch in der Tierschutz- und Tierrechtsszene gibt es Menschen, mit denen Sie vielleicht nicht zurecht kommen. Wie überall, wo Menschen sind und wo Engagement ist. Meistens sind diese Menschen voll guten Willens, überfordern sich aber. Sie sehen nur noch Menschen, die Tieren Böses antun, versteifen sich, oft ohne es selbst zu merken, auf eine einseitige Sicht der Dinge, werden dabei mitunter in einer Weise selbstgerecht, die andere verprellt. Auch jene, die sich eigentlich für dieselbe Sache einsetzen. Traurig aber wahr: Es gab auch bei mir hin und wieder Tage, an denen mir solche Menschen zugesetzt haben.

Lassen Sie sich davon nicht entmutigen. Überall wo Engagement ist, gibt es auch hier und dort Konflikte. Wenn Sie mit Ihren Mitstreitern in keiner Weise zurechtkommen, verschwenden Sie nicht ihren guten Willen und Ihre Kraft. Es steht Ihnen frei, sich zurückzuziehen und sich woanders oder in anderer Form zu engagieren.

! Ich lege Ihnen das noch einmal ans Herz, was ich bei jedem Engagement für wichtig halte: Überfordern sie sich selbst nicht, und lassen Sie sich nicht überfordern! Bestimmen Sie die Art und das Maß Ihres Engagements immer selbst.

Jedes Engagement zählt

Wenn Sie mit etwas nicht einverstanden sind, handeln Sie. Und sei es nur durch einen Brief. Jedes Engagement hilft unseren Tieren. Und es gibt auch Ihnen ein besseres Gefühl, „etwas dagegen getan zu haben". Was auch immer.

Setzen Sie sich selbst realistische Ziele, und seien Sie sich bewusst, dass Sie damit Ihren Teil zu einem besseren Zusammenleben von Menschen und Tieren beitragen möchten. Wenn Sie in Ihrem persönlichen Bereich und Umfeld den Tierschutzgedanken verwirklichen, ist das schon sehr wirkungsvoll.

Wenn Sie sich darüber hinaus noch engagieren, dann tun Sie das, ohne sich zu überlasten, auch im Hinblick auf die Ziele, die Sie sich dabei setzen. Sonst kann es passieren, dass der Elan schwindet und das Engagement in Resignation endet.

Dauerhaftes und effektives Engagement ist möglich, aber ...

vergessen Sie neben allem Engagement die Freude nicht. Ein sinnvoller Einsatz Ihrer Kraft kann Tieren helfen und ihr Leben bereichern. Wenn Sie sich einsetzen, sollten Sie nur eines nie vergessen: Neben allem Hässlichen, was Menschen einander und unseren Tieren antun, gibt es auch viel Schönes. Ob das Enten sind, die frei auf einem Teich schwimmen, oder ein Kind, das in sein Spiel vertieft ist, oder schöne Stunden mit Menschen, die man mag. Meine Erfahrungen mit engagierten Menschen führen alle zu dem Rat:

Wer Mut und Kraft für ein dauerhaftes und effektives Engagement haben will, darf die Freude nicht verlernen, und das Schöne nicht übersehen!

Manfred Karremann hat diese Kuh gekauft. Lisa lebt mit dem „Herodeskalb“ Mona seit vielen Jahren auf dem „Erlebnisbauernhof Gaisweiler“ bei Pfullendorf in Süddeutschland

Informationen zum Autor

„Reportagen, wie man sie bis dahin in dieser Dramatik und zugleich sachlichen Dokumentation nicht kannte, haben ihn bekannt gemacht“, schreibt eine Tierschutzzeitung über Manfred Karremann bereits vor Jahren, bescheinigt ihm ein *ausgeprägtes Bemühen „um Sachlichkeit und Fairness auch oder gerade gegenüber dem Andersdenkenden. Respekt vor dem Schwächeren. Nur vor dem Hintergrund dieser Forderung, die das Fundament seiner eigenen Ethik bildet, kann das Handeln und Wirken von Manfred Karremann in seiner vollen Dimension verstanden werden. Es ist Karremanns entscheidender Verdienst, die Tatsache, dass Tiere oft genug schon zu Lebzeiten wie ein Stück Ware behandelt werden, öffentlich gemacht zu haben. Er hat eine Tür des Schweigens aufgestoßen.“*

Quelle: Mitgliederzeitschrift des Tierschutzvereins Biberach/Riß

Auszug aus der Medienarbeit

1988
Printberichte zum Thema Schlachthof

1989
Radioberichte zum Thema Schlachthof
Erster Film: „Der Schrei aus dem Schlachthof" (BR)

1990
„Töten im Akkord" (ZDF): Schlachthof
„Statistik des Grauens" (BR, STERN): Tierversuche
„Die verlorenen Kinder von Tschernobyl" (STERN)

1991
„Tiertransport" (ARD, Redaktion Franz Alt)
„Keine Rechte für Tiere" (ZDF): Tiertransport, Hühner und Chinchillas. Transport europaweit ausgestrahlt.
„Der Handel mit Kinderpornographie", (ZDF)
Dazu entsteht in der Folge ein neues Gesetz

1992
„Vom Elend der Nutz-Tiere" (ZDF):
Tiertransporte, Hühner, Schlachthöfe, Schafe
„Tiertransport" (RTL)
„Altenheime" (STERN)

„Tierskandal im Jumbo-Jet" (ZDF):
Tiere als Luftfracht, Exotenhandel, Handel mit Affen für Tierversuche (auch STERN), in der Folge Embargo von Fluggesellschaften

„Road to Misery", u.a. BBC: Tiertransporte
„Tiertransporte" (STERN-TV)

1993
„Schlachthof, Tiertransporte, Tiere im Luftverkehr" (3sat)
„Achtung! Lebende Tiere!" (ZDF) Idee und Sendeentwurf
Juni: Schafe, Tiertransport Rinder
September: Tierversuche: Zucht, Haltung, Handel, Versuche, Tiere im Straßenverkehr

November: Verbraucher: Hühner, Gänse, Schlachthof
Hähnchen, Angorakaninchen
„Medienarchiv für den Tierschutz": Gründung
„Tiere als Luftfracht" (CNN)
„Tiertransport" (ORF)

1994
„Achtung! Lebende Tiere! (ZDF): Zoo, Zirkus
„Singvogeljagd" (RTL, Stern)
„Tiertransport Rinder" (SAT 1)
„Tiertransport Pferde" (SAT 1, STERN)
„Tiertransport Rinder und Pferde" (SAT 1)
Ausgestrahlt in allen Ländern Europas, Fotos in vielen Zeitungen in ganz Europa
„Haflingerfohlen" (RTL)
„Flugtransport Affen für Tierversuche" (STERN-TV, STERN)
„Hähnchenmast" (STERN-TV, STERN)

1995
Delphinarien (HSUS)
„Hundekämpfe" (STERN TV Sondersendung, STERN)
„Haflingerfohlen" (STERN TV, ORF)

1996
„P.-Legebatterien in den USA" (ZDF)
„P.-Legebatterien in Bayern (PRO 7)
„P. und Käfighühner" (STERN, CNN)
„Tiertransport" (SAT 1, Focus-TV, STERN)
„Hundezucht" (STERN-TV)
„Kupieren von Hunden" (STERN TV, ORF)
„Hundeschlachtung inThailand" (STERN TV, STERN)
„Lizenz zum Quälen – Steuergelder für Knochenbrecher" (ZDF Frontal Extra, CNN, weltweit vielfach ausgestrahlt)
„Tierversuche für Kosmetik" (STERN TV)
Mordanschlag auf Manfred Karremann

1997
„Tiertransport" (ZDF)
„Kopfgeld für Kälber" (ZDF): Herodeskälber
Gründung von Animal Network e. V.

1998
„Stierkampf" (ZDF)
„Hunde und Katzen - Der Pelzskandal" (RTL, Die große Reportage, STERN, Washington Post, NBC Dateline): Pelz und Leder von Hunden und Katzen

1999
„Hunde- und Katzen: Der Pelzskandal"
(BBC Newsnight, DRS Kassensturz, ARD Panorama, NDR Weltspiegel, CNN u.a.)
„Tiertransport: Noch 58 Stunden bis Tanger" (ZDF)
„3000 Kilometer bis zum Tod" (STERN): Pferdetransporte
„Pelze" (ZDF)
„Indisches Leder für Deutschland" (ZDF, DRS)

2000
„Käfighaltung - Freie Hühner braucht das Land" (ZDF)
„Hunde und Katzen" (BR)
„Kampfhunde" (Radio Bremen)
„Tiere ohne Würde" (Studiogast SWR Nachtcafe)
„Kampfhunde" (ZDF, RTL, SAT 1)
„Tierrechte" (Gast bei SWR-Hörfunk, Sendung Leute)
„Kein Schweinchen namens Babe" (ARD, STERN):
(Schweinekastration, Schweinehaltung)

2000
„BSE" (Diskussionsrunde ORF)
„Tiertransport" (STERN TV, STERN, ORF)

2001
„Hundeessen in China" (RTL)
„Tiertransport" (ZDF)
„Hasen für die Jagd" (ZDF)
„Küken: Tod am ersten Lebenstag"
(ZDF, MDR, SAT 1, STERN)
„Windhunde – vom Schicksal der schnellen Sprinter" (ZDF, STERN)
„Morddrohungen" (SAT 1)
„Kleine Bären im Zoo" (RTL)
„Babyferkel" (ZDF, SAT 1)
„Tierversuche" (ZDF)

2002
„Tierversuche" (WDR, Studiogast)
„Schweine" (StTERN)
„Haflingerfohlen"

2003
„Haflingerfohlen" (ARD, SWR, SWR Hörfunk, BRAVO, BILD, BILD der Frau)
„Tierversuche" (ARD)
„Massentierhaltung" (ZDF): Küken und Hähnchen
„Das Mädchen und die Kinderschänder" (ZDF 37 Grad)
„Unter Kinderschändern" (STERN-Zweiteiler, BILD der Frau)
„Am helllichten Tag" (ZDF 37 Grad Extra): Kindesmissbrauch
„Tierschutz" (Radiosendung Deutschland Radio Berlin)

2004
„Mitten unter uns" (ZDF 37 Grad Extra), Kindesmissbrauch
„Mit Herz für Tiere" (ZDF 37 Grad Extra, 3 sat) Bilanz zum Welttierschutztag: Fohlen, Enten, Puten, Hühner, Küken, Schweine

2005
„Kater Benny vermisst" - Wenn Haustiere verschwinden / Katzenfell aus China (ZDF 37 Grad Extra, Heute, Heute-Journal u.a.)

„Endstation Beirut – Tiertransporte, eine Bilanz"
(ZDF 37 Grad, Heute, Heute-Journal, Phönix)
„China: Katzenfelle und Hunde"
(BBC, CNN Larry King Live u.a.)

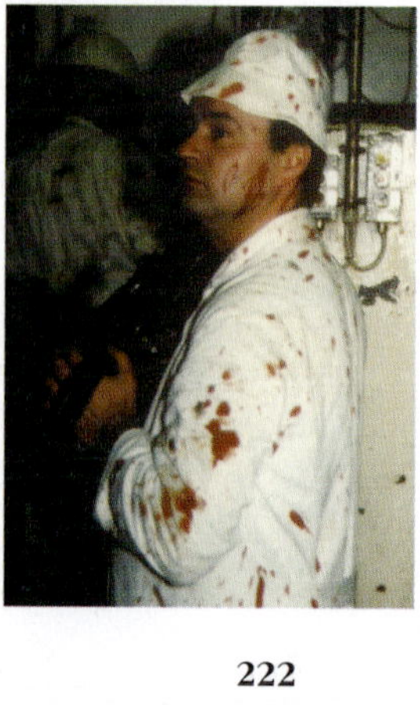

2006
„Portrait" (WDR, „Tiere suchen ein Zuhause")
„Hunde und Katzen China" (BBC World)
„Dr. Lieber und die Kinder von Tschernobyl" (ZDF)
„Tierrechte" (3sat, Delta – Das Denkmagazin)

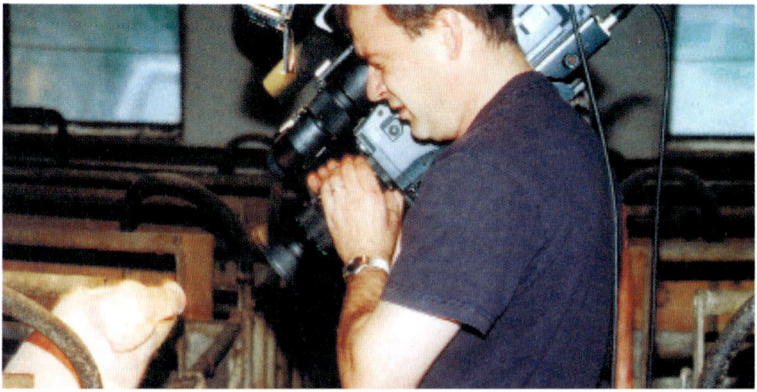

Auszug aus Preisen und Auszeichnungen

1991/92	Goldener Hessen-Löwe für Tier- und Naturschutz
1992	Dr. Ewald-Wagner-Stiftung, 1. Preis
1994	CNN-Preis für die „Beste Darstellung eines aktuellen Themas" (Tiere als Luftfracht)
1994	Der goldene Elefant (Deutscher Tierschutzbund)
1995	Fair Play Preis (Sparkasse)
1995	Preis der Karl-Kaus-Stiftung für Tier und Natur
1995	Journalistenpreis des Wiener Tierschutzvereins
1995	Franz-von-Assisi-Medaille (Dt. Tierschutzbund)
1996	Eurogroup-Medaille der europ. Tierschutzverbände
1997	Goldene Nymphe Monte Carlo (für: „Lizenz zum Quälen – Tiertransport")
1997	Goldene Kamera
1997	CNN World Report Contributor´s Award Finalist
1997	The Golden Rat (Schweden)
1997	Tierschutzpreis Baden-Württemberg
1997	Europäischer Fernsehpreis der Ökomedia
2001	Deutscher Wirtschaftsfilmpreis (Küken)
2002	Slowakischer Umweltfilmpreis (Hasenjagd)
2003	MUT-Medaille der Partei Mensch - Umwelt - Tier
2004	Kisch-Preis-Nominierung (STERN, Kindesmissbrauch)

Meinungen, Anregungen und Kritik zum Buch sind dem Autor willkommen.

Literaturhinweis

Viele Menschen würden gern mit dem Fleischessen aufhören - wissen aber nicht, wie. Der Mensch braucht eine Handlungsalternative, wenn er sein Verhalten ändern will. Es reicht nicht zu wissen, was man nicht will - vielmehr muss man wissen, wie man sich in einer neuen Situation verhalten kann.
Dieses Buch zeigt Ihnen, wie Sie vom Fleischessen wegkommen und sich vegetarisch ernähren können. Es gibt Hinweise, wie Sie sich als Vegetarierin oder Vegetarier mit Ihrem gesellschaftlichen Umfeld arrangieren können und wie Sie sich in Situationen durchzusetzen vermögen, in denen das Fleischessen noch dogmatisch betrieben wird.
Da das Buch auch viel Informatives und Unterhaltsames enthält, das auch langjährige Vegetarier interessiert, ist es nicht nur ein Buch für Einsteiger, sondern ein Buch für alle Vegetarier!

Bernd Höcker: **Vegetarier Handbuch**, Höcker Verlag
3. überarbeitete Auflage (erscheint vorauss. Anf. 2007)
240 Seiten, großformatig, fester Einband ,14,90 EUR